도덕적인 너무나 도덕적인

도덕적인
너무나 도덕적인

초판 1쇄 발행 2025년 6월 20일

지은이 김재호

펴낸곳 서울대학교출판문화원
주소 08826 서울 관악구 관악로 1
도서주문 02-889-4424, 02-880-7995
홈페이지 www.snupress.com
페이스북 @snupress1947
인스타그램 @snupress
이메일 snubook@snu.ac.kr
출판등록 제15-3호

ISBN 978-89-521-3929-0 03160

도덕적인 너무나 도덕적인

코람라치오네의 윤리학

김재호 지음

스누북스
SNUbooks

이 책을 읽는 독자에게

'착한 사람', 맑은 영혼과 아름다운 마음을 가진 사람을 우리는 이렇게 불렀다. **'착한 사람이 되는 것'**이 누군가의 꿈이었던 시절도 있었다.

하지만 우리는 착하다는 말이 더 이상 칭찬이 아닌 세상에 살고 있다. "그 사람 착해."라는 말은, 할 수 있는 칭찬이 없어 마지못해 꺼내는 말이 되어 버렸다. 착함은 미덕이 아니며, 어느새 '호구'와 동의어가 되어 버린 오늘이다.

"착하게 산다는 것은 무엇일까?"

"인간은 왜 착하게 살아야 할까?"

"어떻게 착한 삶을 살 수 있을까?"

살면서 마음 한구석에 이런 의문이 든 적이 있다면, 분명 당신은 착한 사람일 것이다. 적어도 칸트의 표현을 빌리자면 '도덕적 관심Interesse'을 가진 인간이다. 착하게 산다는 것은 도덕적으로 산다는 것과 다르지 않기 때문이다. 도덕에 관한 학문인 윤리학도 사실 이런 물음에서 생겨났다.

"도덕적으로 산다는 것은 무엇일까?"

"인간은 왜 도덕적으로 살아야 할까?"

"어떻게 도덕적 삶을 살 수 있을까?"

나는 이 책에서 칸트의 윤리학을 소개하려고 한다. '정언명령'으로 잘 알려진 칸트에게서 이 질문의 답을 찾을 수 있기 때문이다. 더 정확히 말하면, 착함이 미덕이 아닌 세상에서 여전히 착한 삶을 살아야 할 이유를 찾을 수 있을 거라 믿기 때문이다.

윤리학은 한마디로 선善에 관한 학문이다. 그렇기에 윤리학은 무엇이 선인지, 우리는 어떻게 선한 삶을 살 수 있는지를 탐구하고 가르친다. 이 질문에 대한 답은 다양하게 주어졌고, 여기에는 서로 다른 입장과 이론이 있었다. 이것이 윤리학의 역사다.

윤리학의 이론들 중 가장 오랜 역사를 지닌 것은 윤리적 상대주의다. 윤리적 상대주의는 이 세상에 절대적 선은 없고 모든 도덕적 가치는 상대적이라고 주장한다. 이에 따르면 도덕은 인간들이 합의에 의해 만들어 낸 규범일 뿐이고, 그렇기에 도덕적 선은 시대와 장소에 따라 상이할 수 있다. 윤리적 상대주의는 오래전 그리스의 소피스트들에서 오늘날의 공리주의에 이르기까지 시공을 초월해 광범위한 지지를 받고 있다. 이들의 주장은 합리적으로 보일 뿐 아니라, 현실을 잘 반영하고 있어 실천적으로도 매우 유용하기 때문이다.

하지만 반대 입장도 있었다. 이를 윤리적 절대주의라고 부른다면, 여기에 가장 중요한 영향을 미친 철학자가 칸트다. 물론 칸트 이전에도 윤리적 상대주의를 비판하고 도덕적 선의 절대적 가치를 주장한 이론은 있었다. 하지만 칸트만큼 윤리적 상대주의의 문제점을 근본적으로 비판하고 새로운 도덕 이론을 정립한 철학자는 없었다. 오늘날 우리가 '의무론Deontology'이라 부르는 다양한 윤리학의 이론들은 바로 칸트의 도덕철학에 근거한다.

이 책은 1785년 출간된 칸트의 『도덕형이상학 정초*Grundlegung zur Metaphysik der Sitten*』를 다룬다. 『도덕형이상학 정초』는 도덕철학에 관한 칸트의 최초의 저서이자 그의 도덕 이론을 다루는 가장 중요한 책이다. 흔히 1788년 출간된 『실천이성비판』이 칸트 윤리학을 대표하는 저서로 알려져 있다. 하지만 『도덕형이상학 정초』의 머리말에서 칸트는 자신의 도덕철학을 위해 『실천이성비판』이라는 책은 따로 필요하지 않음을 밝힌다. 『도덕형이상학 정초』를 출간한 1785년 당시 칸트의 계획에 『실천이성비판』은 없었던 것이다. 그렇기에 『도덕형이상학 정초』에는 칸트 윤리학의 핵심이 온전히 들어 있다.

『도덕형이상학 정초』에서 칸트는 이전과 전혀 다른 새로운 윤리학을 제안한다. 그것은 '형이상학Metaphysik'으로서의 윤리학이다. 윤리학이 선험적a priori 학문으로 성립해야 한다면, 그것은 형이상학이어야 하기 때문이다. 선험적 학문이 된다는 것은 필연성을 가진 학문이 된다는 뜻이다. 그것은 언제 어디서나 동일한 보편타당성을 갖춘다는 것을 의미한다. 칸트가 생각한 도덕은 마치 자연법칙처럼 예외없이 누구에게나 동일하게 적용할 수 있어야 한다. 그렇지 않다면 선은 언제나 상대적이게 되며, 도덕의 순수성은 훼손되어 결국 철학의 지위를 잃게 될 것이다.

『도덕형이상학 정초』는 형이상학으로서의 윤리학, 즉 도덕형이상학의 토대를 놓는 작업이다. 그렇기에 칸트는 여기서 도덕성의 최상 원리가 무엇인지를 탐색한다. 도덕의 최상 원리를 찾는다는 것은 무엇일까? 그것은 우리가 세상을 인식하고 판단하기 위한 인식의 최상 원리를 찾는 것과 마찬가지로 꼭 필요한 일이다. '2+2=4'는 참이고, '2+2=5'는 거짓인 이유는 무엇일까? 흰 것을 희다고 말하면 참이고, 흰 것을 검다고 말하면 거짓인 이유는? 우리가 세상을 인식하고 참과 거짓을 판단할 수 있는 것은 모종의 원리가 전제되어 있기 때문이다. 이 최상의 원리로 마치 수학적 계산을 하듯 참과 거짓이 결정된다. 철학자들은 이러한 인식의 최상 원리를 동일률 혹은 모순율이라고 불렀다. 만약 이와 같은 하나의 최상 원리가 없다면 우리는 동일한 계산과 판단을 할 수 없을 것이다. 그렇게 되면 우리는 더 이상

보편의 세계에 살 수 없고 각자의 세계에 살게 될 것이다.

도덕도 마찬가지다. 만약 도덕의 최상 원리가 없다면, 그래서 우리가 어떤 행위를 선한 행위라고 판단할 수 있는 최상의 근거가 없다면, 도덕은 보편성을 잃어버린다. 만약 우리가 보편적 기준으로 도덕적 선을 말하고 판단하려면 시공간을 초월해 변하지 않는 선, 그 절대적 선이 있어야 할 것이다. 이것이 칸트가 『도덕형이상학 정초』에서 도덕의 최상 원리를 탐색하는 이유다.

『도덕형이상학 정초』는 친절한 도덕 교과서는 아니다. 칸트는 우리가 가진 도덕적 의문을 시원히 풀어 주지 않는다. 위험에 처한 누군가를 구하기 위해 거짓말을 해도 되는지, 다수의 생명을 구하기 위해 하나의 생명을 희생해도 되는지, 이런 도덕적 딜레마에 대해 직접 답을 주지 않는다. 대신 우리가 어떻게 답을 찾아가야 할지 그 방법을 알려 준다. 즉 우리가 스스로 의문에 대한 답을 찾아가야 한다. 무엇이 진정한 도덕적 선인지, 우리는 그것을 어떻게 찾아야 하는지, 우리는 어떻게 도덕적 존재가 될 수 있으며, 그런 존재는 어떻게 살아가야 하는지, 이런 의문에 대한 답 말이다.

어쩌면 이것이 우리가 고전을 읽는 이유일지도 모른다. 우리는 이미 지식과 정보가 넘쳐 나는 세상에 살고 있다. 칸트 윤리학에 관한 지식과 정보가 필요하다면 더 이상 우리는 그의 글을 직접 읽지 않아도 된다. 이를 접할 수 있는 길은 도처에 있고, 그곳에서 우리는 명확하고 친절한 설명을 손쉽게 접할 수 있다. 그러나 거기에 함정이 있다. 너무 쉬운 이해는 진정한 자기 이해가 아닐 수 있기 때문이다. 고전을 읽는다는 것은 이런 편리함을 스스로 포기하는 일이다. 그 불편함과 난해함을 피하지 않는 인내가 독자를 스스로 생각하게 만든다. 이해를 위한 것이든, 실천을 위한 것이든, 많은 고민과 사색이 진정한 자기 판단의 이유를 알려 줄 것이다.

『도덕형이상학 정초』는 지난 십여 년 동안 필자가 매 학기 학생들과 함께 읽었던 칸트의 텍스트다. '고전에 길을 묻다'라는 제목의 수업에서 우리는 이 책을 처음부터 끝까지 직접 읽고 함께 토론한다. 쉽지 않은 철학 텍스트를 다양한 전공의 학생들이 모여 함께 읽고 토론하는 순간은 그 자체로 보석 같은 시간이다. 이해를 위한 치열한 토론과 실천을 위한 진지한 고민이 함께 어우러진 아름다운 현장이다. 여기서 나눈 많은 사색과 고민의 결과를 참여자들만의 것으로 남기기에 고전을 읽는 경험의 울림은 너무 크고 소중했다.

'이 경험을 함께 나누고 싶다.' 처음 이 책을 쓰면서 가졌던 생각이다. 칸트의 글을 직접 읽지 않고도 그의 생각을 정확하게 이해할 수 있는 책을 쓰고자 했다. 칸트 원전의 내용을 손상시키지 않고 정확히 전달하되 가능한 쉬운 말로 전하려 노력했다. 하지만 막상 원고가 완성된 지금, 이 책이 그 역할을 다하기에는 여전히 부족하다고 느낀다. 어쩌면 이 책을 읽는 일도 독자에게는 칸트의 텍스트를 읽는 것 못지않은 인내가 필요할지 모르겠다. 서술의 난해함으로 독자들의 이해에 장벽이 있다면 그건 전적으로 필자의 탓이다. 하지만 이 책을 읽은 누군가 칸트의 글을 직접 읽게 되거나 그의 철학을 조금이라도 이해할 수 있게 된다면, 이 책의 역할은 그걸로 충분하다.

이 책은 『도덕형이상학 정초』로 수업을 진행하듯 총 11개의 강의로 이루어져 있다. 각 강은 주제 하나를 다루고, 그 순서는 『도덕형이상학 정초』에 등장하는 내용에 따른 것이다. 각 강의 시작과 끝에 있는 질문과 답변은 해당 강의를 읽고 생겨날 수 있는 독자들의 의문과 그에 대한 간략한 답이다. 혼란한 시대에 도덕적 삶을 고민하는 이들에게 작은 도움이 되길 바라며 독자께 책을 넘긴다.

2025년 6월

김재호

차례

프롤로그

변명

apologia

그래서 나는 일찍이 나에게 필요했던 '자유로운 정신들'을 창조해 냈다.
'인간적인 너무나 인간적인'이라는 제목의 이 슬프고도 용감한 책은
바로 그 자유정신들에게 바친 것이다.

- 니체, 『인간적인 너무나 인간적인 I』[1]

『도덕적인 너무나 도덕적인』, 이 책의 제목이다. 칸트 윤리학에 어울리는 말 아닌가. 처음 떠오르는 칸트의 이미지는 이에 가깝다. 우리가 아는 그의 삶은 바른 생활의 전형이다. 이로부터 딱딱하고 엄격한 도덕 선생의 모습이 연상되는 것은 당연하다. 그의 윤리 사상은 어떤가. 이 역시 별반 다르지 않다. 칸트는 대표적인 의무론자다. 의무가 무엇인가? 반드시 해야 하는 것 아닌가. 그렇기에 그의 도덕철학은 '정언명령'이라는 엄격한 도덕 명령을 말한다. 거기에는 예외도 관용도 없어 보인다. 한마디로 너무 도덕적이다.

그럼에도 난 이 제목이 마음에 들지 않는다. 내가 아는 칸트 윤리학은 이와 다르기 때문이다. 그런데 왜 굳이 마음에도 없는 제목을 골랐을까? 여기에는 작은 **변명**apologia이 필요하다.

'인간적인 너무나 인간적인', 이것이 사실 내가 원했던 제목이다. 하지만 어쩌겠나, 이 제목의 주인은 따로 있는데. 그렇다. 우리가 잘 아는 니체F. W. Nietzsche가 그 주인공이다. 『인간적인 너무나 인간적인』, 1878년 출간된 니체의 책이다. 니체가 고뇌에서 길어 낸 삶의 통찰을 단편 형식으로 담은 잠언집이다. 그 통찰은 한마디로 '자유정신'이다. "자유정신을 위한 책"이라는 이 책의 부제가 이를 말해 준다.[1] 그렇기에 니체는 당시 자유와 관용의 상징이었던 볼테르Voltaire에게 자신의 책을 바쳤다.

그렇다면 칸트 윤리학을 세상에 처음 알린 『도덕형이상학 정초』 강의에 니체의 제목이 왜 필요했을까? 니체에 대한 오마주? 아니면 패러디? 둘 다 아니다. 칸트의 도덕철학 그 자체가 너무 인간적이기 때문이다. 그런데 과연 이 말에 동의하는 독자가 있을까? 지금은 없을지 모른다. 만약 그렇다면 이제 이 책을 읽어야 할 이유는 충분하다.

칸트 철학의 인간적 면모는 그의 도덕철학 후미진 곳에 숨겨져 있다. 굳이 들추어 드러내지 않으면 보이지 않는 어두운 곳에. 이 책은 그곳을 비추는 미세한 불빛이다. 아주 희미한 불빛이라도 그 본질이 빛이라면 어둠은 물러간다. 칸트에 대한 세간의 어두운 이미지도 그러길 바랄 뿐이다.

니체가 『인간적인 너무나 인간적인』에서 그랬던 것처럼, 칸트는 『도덕형이상학 정초』에 자신의 고뇌에서 길어 낸 인간 본성의 통찰을 담았다. 그 통찰은 마찬가지로 자유정신이다. 자유로운 인간만이 도덕적 한계를 넘어 절대선을 꿈꿀 수 있다. 결코 신神이 될 수 없는 인간의 한계가 오히려 우리를 도덕적 존재로 이끈다. 그렇다면 우리의 제목도 틀린 것이 아니다. **"가장 인간적인 것이 가장 도덕적이다."** 칸트의 메시지가 여기에 있다면 말이다.

니체는 차가운 의무론의 이미지를 칸트 윤리학에 씌운 대표적인 철학자다. 그가 본 칸트 윤리학에 인간미란 없다. 거기에는 선행의 기쁨도, 인간에 대한 동정심도 설 자리가 없다. 피 냄새 나는 칸트 윤리학에는 '의무의 자동기계'만 남았다. 그가 만든 어두운 이미지를 침묵으로 바라볼 수는 없었다. 내가 읽은 칸트를 여기서 말하는 이유다.

니체에 대한 원망은 이것으로 족하다. 원하는 제목은 놓쳤어도 그의 재기才器는 남았다. 앞서 인용했던 그의 문장을 빌린다.

도덕은 자유를 기반으로 한다. 도덕이 무너진다는 것은 우리가 딛고 설 자유의 뿌리가 흔들린다는 뜻이다. **"그래서 나는 일찍이 내게 필요했던 '칸트'를 다시 소환했다. '도덕적인 너무나 도덕적인'이라는 제목의 이 유쾌하고 용감한 책은 바로 스러져 가는 이 땅의 모든 자유정신들에 바친 것이다."**

---

1 Friedrich Nietzsche, *Menschliches, Allzumenschliches I, Nietzsche Werke: Kritische Gesamtausgabe*, Abt. IV, Bd. 2, Berlin: Walter de Gryuter, 1973, Vorrede.

2 출판된 원제목은 다음과 같다. 『인간적인 너무나 인간적인: 자유정신을 위한 책(*Menschliches, Allzumenschllches: Ein Buch für freie Geister*)』. 니체는 다음과 같은 헌사를 써 이 책을 볼테르에게 헌정했다. "1778년 5월 30일 볼테르 서거 기념일에 그를 기억하며 바친다."

0강

부제의 자격

코람라치오네coram ratione의 윤리학

Q

칸트 윤리학을 한마디로 정의한다면 무엇일까요?

죽는 날까지 하늘을 우러러 한 점 부끄럼이 없기를,
잎새에 이는 바람에도 나는 괴로워했다.
별을 노래하는 마음으로 모든 죽어가는 것을 사랑해야지
그리고 나한테 주어진 길을 걸어가야겠다.
오늘 밤에도 별이 바람에 스치운다.

- 윤동주, 〈서시〉

부끄럼 없는 삶이 있을까? 시인이 노래한 한 점 부끄럼 없는 삶 말이다. 누구의 시선도 두려워하지 않는 당당한 삶. 이런 삶이야말로 진정한 도덕적 삶이다. 그러나 도덕적 삶은 언제나 멀리 있다. 붙잡기에는 너무 먼 별빛처럼 아득히 멀다. 그렇기에 시인은 흔들리는 마음을 붙잡고 밤새워 고뇌한다. 한 점 부끄럼 없는 도덕적 삶을 위해.

인간은 어떻게 도덕적 존재일 수 있을까? 그렇게 타고난 것일까? 살아가면서 배우고 훈련하는 것일까? 이 질문에 대한 칸트의 답은 다른 곳에 있다. 인간은 이성[1]을 통해 도덕적 존재가 될 수 있다. 칸트에게 이성은 인간의 행동이 도덕적일 수 있는 유일한 가능성이자 근거다. 이성을 빼고 칸트 윤리학을 설명할 수 없는 이유가 여기에 있다. 이성과 도덕의 관계는 앞으로 계속 등장할 우리 책의 핵심 주제다. 상세한 이야기는 뒤로 미루고 잠시 이성에 관한 다른 이야기를 해보자. 바로 책의 부제에 등장하는 '코람라치오네coram ratione'[2]에 관한 것이다.

본격적으로 이야기하기에 앞서 미리 밝혀야 할 것이 있다. 앞으로 여러 번 언급하겠지만, 칸트 윤리학은 당대의 기독교 교리와 많이 닮았다.[3] 이는 실제 내용의 유사성으로 나타나기도 하고 때론 자신의 이론을 설명하기 위한 비유적 표현으로 사용되기도 한다. 이로 인해 우리 논의에서도 기독교에 관한 이야기가 자주 등장할 것이다. 하지만 이는 전적으로 칸트 윤리학을 더 잘 이해하고 설명하기 위한 것이다.

당시 '코람데오coram deo'는 비교적 잘 알려진 말이었다. '하나님 앞에서'로 옮길 수 있는 이 라틴어 문장은 종교 개혁자들이 주창했던 기독교적 삶의 핵심 모토다. 한마디로 모든 일을 하나님 앞에서 행하듯 하라는 말이다. 시편의 저자가 고백하듯 신은 어디에나 있고, 모든 것을 알고 있기 때문이다.

> "여호와여 주께서 나를 살펴보셨으므로 나를 아시나이다. 주께서 내가 앉고 일어섬을 아시고 멀리서도 나의 생각을 밝히 아시오며 나의 모든 길과 내가 눕는 것을 살펴보셨으므로 나의 모든 행위를 익히 아시오니 여호와여 내 혀의 말을 알지 못하시는 것이 하나도 없으시니이다."(시편 139편 1-4절)

언제 어디서나 신神이 자신을 지켜보고 있다고 믿는 자. 그의 삶은 분명 다르다. 보는 이가 없다고 해도 불의나 불법을 저지르지 않을 것이고, 아무도 알아주지 않는다고 해도 묵묵히 선행을 행할 것이다. '신이 지켜보는 삶을 살고 있다'는 '코람데오'의 인식이 타락한 인간에게 기독교의 가르침을 온전히 실천할 가능성과 힘을 제공해 주기 때문이다.

'타락한 인간이 어떻게 거룩한 신의 명령과 가르침을 온전히 행할 수 있을까?' 이에 대한 기독교 신학의 설명은 따로 있겠지만, '코람데오'의 삶은 외부의 시선에서 좋은 해답이 될 수 있다.

'인간은 어떻게 도덕적 존재가 될 수 있을까?' 윤리학의 오랜 주제이자 근본 질문이다. 『도덕형이상학 정초』에서도 이 물음에 대한 칸트의 답을 찾을 수 있다. '이성 앞에서'로 옮길 수 있는 '코람라치오네'가 칸트의 답이자 칸트 윤리학의 핵심이라 해도 크게 틀린 말은 아니다.

사실 칸트가 이 말을 직접 사용한 적은 없다. 도덕 이론에서는 물론이고 다른 어느 곳에서도 이런 표현은 등장하지 않는다.[4] 그럼에도 인간이 도덕적 존재일 수 있는 이유와 가능성이 이 말 속에 함축적으로 잘 녹아 있다. 마치 신 앞에서의 삶을 사는 인간만이 타락한 본성에도 불구하고 거룩한 신의 명령과 가르침을 행할 수 있듯, 이성의 명령을 인식하고 그 명령에 따르는 인간만이 도덕적 선을 행할 수 있기 때문이다.

'인간은 어떻게 도덕적 존재일 수 있을까?' 이 질문에 관해 『도덕형이상학 정초』는 하나로 답할 수 없는 다양하고 풍부한 내용을 말해 준다. 그럼에도 우리 책을 읽고 '코람라치오네'가 하나의 좋은 답이라 생각하게 된다면 책의 부제로는 충분한 자격이 있지 않을까? 혹여 누군가 이 표어를 모토로 도덕적 삶을 결심한다면 그때에는 부제의 자격을 증명하고도 남을 일이다.

일찍이 플라톤은 인간이 본성상 도덕적 존재일 수 없음을 간파했다. 그렇기에 자신의 저서 『국가』에서 인간이 기게스의 반지를 사용할 수 있게 된다면, 그래서 투명 인간이 되어 그 누구도 자신의 행동을 볼 수 없게 된다면 과연 그때에도 도덕적일 수 있는지 묻고 있다.[5] 지켜보는 신의 존재를 더 이상 믿지 않는 세상에서 인간의 도덕적 행동을 기대하기는 어렵다. 선행을 바라기도 쉽지 않고 악행을 막는 일은 더욱 힘들다. 그렇기에 우리는 세상 곳곳에 감시 카메라를 놓고 이들이 신을 대신해 우리를 24시간 지켜보도록 했다. 이들이 없다면 우리는 더 이상 도덕적 세상을 기대할 수 없기 때문이다.

그렇지만 칸트의 생각은 다르다. 인간이 이성적 존재라면, 그래서 그 어떤 것도 고려하지 않고 오직 이성의 명령만 따를 수 있다면 우리는 모두 도덕적 존재일 수 있다. 도덕적으로 선한 세계의 가능성은 여전히 우리에게 열려 있다. 이성 앞에서의 삶, '코람라치오네'가 그 가능성을 열어 준다.

부끄럼 없는 삶이 있을까? 칸트는 말한다. 부끄럼 없는 삶은 가능하다. 이성 앞에서의 삶이 바로 그런 삶이다. 여기에는 하늘의 눈도 땅의 감시도 필요치 않다. 이성의 명령을 따르는 한, 그 누구든 부끄럼 없는 삶을 사는 것이다. 하늘을 우러러 한 점 부끄럼 없는 삶을.

---

1 이성은 생각하고 판단하는 능력을 말한다. 칸트에게서 이성은 사유의 능력을 뜻하는 이론이성뿐 아니라 의지를 결정하는 실천이성도 포함한다.

2 이 라틴어 문장은 '이성 앞에서'로 옮길 수 있는 것으로 '이성에 근거한 삶' 혹은 '이성이 지켜보는 삶을 살라'를 의미한다.

3 칸트는 직접 성경 구절을 인용하기도 하며 기독교 교리를 염두에 둔 설명을 하기도 한다. 이 점에서 기독교 교리에 대한 지식이 칸트 윤리학을 이해하는 데 도움이 될 수 있다. 칸트 윤리학에 미친 기독교의 영향에 대해서는 5강에서 자세히 다룰 것이다.

4 이 말은 칸트의 윤리학을 설명하기 위해 글쓴이가 기독교적 용어에 빗대어 만든 용어다.

5 플라톤, 『국가』, 박종현 역주, 서광사, 2005, 128쪽.

A

칸트 윤리학은 이성의 윤리학입니다. 이성이 도덕법칙의 기원이고 도덕법칙에 따라 행위할 수 있는 것도 인간이 이성적 존재이기 때문입니다. 칸트에게서 도덕적 삶은 이성에 근거한 삶, 이성이 지켜보는 삶을 사는 것이라는 점에서 칸트 윤리학을 '코람라치오네coram ratione'라 부를 수 있습니다.

1강

칸트, 선을 넘다

도덕은 어떻게 형이상학이 되었나?

Q

도덕은 왜 형이상학이 되어야 했을까요?

그러므로 이 순수철학(형이상학)이 선행해야만 한다.
이것 없이는 도무지 어디에서도 도덕철학은 있을 수 없다.

- 『도덕형이상학 정초』 IV390

바야흐로 융합의 시대다. 경계는 허물어지고, 나눠진 것들은 합쳐져 새로운 것이 된다. 융합의 정신은 분야를 가리지 않는다. 범할 수 없는 성역은 더 이상 없어 보인다.

그런데 우리가 언제부터 그랬나? 역사를 되짚어 봐도 융합이 미덕인 시절이 있었나? 이종異種의 결합은 왜곡된 인간 욕망의 분출이다. 그것은 자연을 파괴했고, 순리를 거슬러 괴물을 낳았다. 키메라 chimera도 프랑켄슈타인도 잘못된 결합의 참혹한 결과다. 분명 넘지 말아야 할 선은 있었고, 그 선을 넘는 것은 언제나 금기였다. 그렇다. 칸트에게도 넘지 말아야 할 선은 있었다.

'윤리학'은 어떤 학문일까? 답이 쉽지 않다면 질문을 바꾸어 보자. 윤리학은 이론적 학문일까? 실천적 학문일까? 이제 답은 명확해 보인다. 도덕이 인간 행위를 규정하는 한, 이에 관한 학문은 당연히 실천적이어야 한다. 질문을 바꿔 보자. '형이상학'은 어떤 학문일까? 이번엔 답이 간단하지 않다. 꽤 긴 설명이 필요해 보인다. 그런데 누군가 그 설명을 들으면 다른 의문이 생겨날 것이다. "그러면 윤리학은 왜 형이상학이 되었을까?" 이 질문이 1강의 주제다. 칸트는 자신의 책 머리말(IV387-392)[1] 전부를 할애해 이 문제를 다룬다. 그렇다면 중요한 문제임이 틀림없다. 조금 낯설고 장황한 1강에 독자들의 인내가 필요한 이유다.

우리가 다루는 책은 도덕철학에 관한 칸트의 첫 저서다. 책 제목에는 '도덕철학' 또는 '윤리학' 대신 '도덕형이상학Metaphysik der Sitten'[2] 이라는 단어가 등장한다.[3] 이는 칸트 이전엔 없었던 새로운 용어다.[4] 그렇다면 칸트는 왜 이 말을 새롭게 만들어 사용했을까? 도대체 그것으로 무엇을 이야기하고 싶었던 것일까? 그 답은 책의 머리말에 담겨 있다. 칸트는 여기서 '도덕형이상학'이라는 학문이 무엇인지, 이 학문이 왜 필요한지, 그리고 『도덕형이상학 정초』를 통해 그가 하려는 것은 무엇인지 밝히고 있다. 지금부터 머리말에 담긴 칸트의 설명을 통해 그 답을 찾아보자.

먼저 '도덕형이상학'은 어떤 학문일까? 칸트는 기존 학문의 분류를 언급하는 것으로 머리말을 시작한다. 이어 좀 복잡해 보이는 상세 분류와 그 기준들이 등장한다. 이는 '도덕형이상학'이라는 새로운 학문의 성격과 위상을 밝히기 위함이다.

첫 문단에는 고대 그리스 철학의 세 학문이 등장한다. 자연학, 윤리학, 논리학이 그것이며[5] 이들은 다양한 분류 기준에 따라 새롭게 나누어진다. 먼저 형식적인 것과 질료적인 것에 의한 분류다. 이에 의하면 논리학은 내용과 무관하게 사고의 규칙만을 다룬다는 점에서 형식적 학문이고 나머지 두 학문은 내용을 다루기에 질료적 학문이다.[6]

이어서 등장하는 분류 기준은 학문의 방법론이나 원리와 관련된 것이다. 즉 학문은 그 대상을 다루는 방식으로 경험에 의존하는 경험적 부분과 그렇지 않은 순수한 부분, 다시 말해 선험적a priori 부분으로 분류된다. 그래서 철학이 경험에 근거하면 경험철학이라 부르고, 경험과 무관한 선험적 원리에 의한 것이면 순수철학이라 부르는 것이다.

이 기준을 세 학문에 적용하면 다음과 같은 결과가 나온다. 먼저 논리학은 학문의 특성상 대상을 다루지 않는 형식적 학문이다. 따라서 경험적 부분을 갖지 않기에 전적으로 순수철학이다. 반면에 질료적 학문인 자연학과 윤리학은 경험적 부분과 순수한 부분을 함께 가질 수 있다. 즉 자연학과 윤리학은 각각 경험철학과 순수철학을 동시에 갖는다. 칸트는 이들 학문에서 선험적 원리에 의거하는 순수철학을 형이상학이라 부른다.

결국 순수철학이 형식적 학문이면 그것은 논리학이고, 질료적인 것이라면 그것은 형이상학이라는 것이다. 이로써 '도덕형이상학'이라는 학문이 등장하게 된다. 자연학과 윤리학은 각각 경험적 부분과 순수한 부분을 갖는데, 이들의 경험적 부분을 '경험적 자연학'과 '실천적 인간학'이라고 한다면, 순수한 부분을 '자연형이상학'과 '도덕형이상학'으로 부를 수 있기 때문이다.

이런 복잡한 학문 분류를 통해 칸트는 무엇을 말하고 싶었던 것일까? 일차적으로는 자신이 여기서 말하는 '도덕형이상학'이 아무 뿌리 없이 갑자기 하늘에서 떨어진 것이 아니라는 점이다. 즉 '도덕형이상학'도 기존 학문 분류를 따르면 자연스럽게 고유한 자기 위치를 찾을 수 있다는 것이다.

다음으로는 윤리학도 형이상학이 될 수 있고 되어야 한다는 점이다. 그렇다면 윤리학은 왜 형이상학이 되어야 하는 것일까? 이제 '도덕형이상학'의 구체적 필요성에 대한 논의가 시작된다.

> "그럼에도 여기서 나는 단지, 학문의 본성은 경험적 부분과 이성적 부분을 항상 세심히 분리하길 요구하고, 엄밀한 (경험적) 자연학에는 자연형이상학을, 그러나 실천적 인간학에는 도덕형이상학을 앞세우기를 요구하지 않는가 묻는다. [...]"(『도덕형이상학 정초』 IV388)

칸트는 먼저 묻는다. 하나의 학문이 경험적 부분과 이성적(순수한) 부분으로 나뉘고 후자에 해당하는 이성적(순수한) 부분이 경험적 부분에 앞서야 한다면 윤리학에서도 경험적 부분에 앞서 순수한 부분인 '도덕형이상학'이 요구되지 않냐고. 자연에 관한 경험적 탐구에 앞서 '자연형이상학'이 정립되어야 하듯 인간 실천에 관한 경험적 탐구인 실천적 인간학에 앞서 '도덕형이상학(순수 도덕철학)'이 마련되어야 한다는 것이다. 물론 순수 도덕철학의 필요가 단순히 자연학과 윤리학의 유비 관계로부터 생겨날 수는 없을 것이다. 그렇기에 칸트는 '의무'와 '도덕적 법칙'이라는 윤리학의 고유한 특성을 근거로 '도덕형이상학'의 필요성을 정당화한다.

'도덕형이상학'이라는 학문은 왜 필요할까? 칸트의 논리는 간단하다. 도덕을 구성하는 '의무'나 '도덕법칙' 같은 개념 자체가 이런 학문의 필요성을 말해 준다. "거짓말을 해서는 안 된다."라는 명제가 도덕적 법칙이 되려면 그것이 '필연적 명제'여야 한다. 도덕법칙이 '필연적 명제'가 되어야 한다는 것은 무슨 뜻일까? 마치 자연법칙이 모든 자연 사물에게 예외 없이 적용되듯 도덕법칙도 모든 도덕적 존재에게 예외 없이 적용되는 보편타당한 명제여야 한다는 말이다. 이럴 때만 행위를 구속하는 '의무' 개념이 가능하고 윤리학이 당위에 관한 학문이 될 수 있다.

그런데 도덕법칙에 요구되는 '절대적 필연성'은 경험적 탐구를 통해서는 결코 얻어질 수 없다. 삶의 행동을 지시하는 규정들이 경험에 근거하고 있다면 그것은 실천적 규칙은 될 수 있으나 도덕법칙은 될 수 없기 때문이다. 도덕법칙의 필연성은 순수 이성의 개념 안에서, 즉 경험의 원리가 아닌 선험적 원리에 의해서만 가능하다. 따라서 윤리학은 학문의 본성상 이성 안에 놓인 실천적 원칙들의 원천을 선험적으로 탐구하는 영역인 '도덕형이상학'을 필요로 한다. 여기까지가 '도덕형이상학'의 필요성에 대한 칸트의 설명이다.

당시 '자연학'이 경험적 부분과 순수한 부분으로 이루어져 있음에 이견은 없었다. 그래서 앞서 칸트가 철학을 경험철학과 순수철학으로 나누고, 후자를 형이상학이라 부른 것은 오랜 학문 분류 전통에 따른 것이었다. 그러나 '윤리학'은 상황이 달랐다. 윤리학을 경험적 부분과 순수한 부분으로 나누고 후자를 형이상학이라 부른다는 것은 그 누구도 생각지 못한 혁명적 사고였다. 이는 당시 사람들이 생각하던 형이상학이라는 학문에 전혀 맞지 않는 것이었다. 그렇다면 도대체 형이상학이 무엇이길래 칸트의 이런 시도가 그들에게 낯설고 심지어 충격적이었을까?

형이상학Metaphysik이란 말은 아리스토텔레스의 사후 남겨진 그의 저작을 편집하는 과정에서 생겨난 용어다. 편집을 맡았던 안드로니코스Andronikos는 아리스토텔레스의 방대한 작품을 내용에 따라 분류했다. 이때 적절한 이름을 찾지 못했던 일련의 작품들을 '자연학' 다음에 편집하면서 '자연학 다음에 나오는 것'이라는 뜻의 '*ta meta ta physica*'라는 이름을 사용해 분류했고, 이것이 '*metaphysica*'가 되어서 현재의 '형이상학'이라는 이름이 되었다.

이 작품들의 내용은 자연 현상을 직접 다루는 것이 아니라 배후에 놓인 자연의 근본 원리에 관한 것이었다. 처음에는 아리스토텔레스의 작품들에 우연히 붙여진 이름이 점차 그 이름에 걸맞게 경험할 수 있는 대상들의 배후에 놓여 있는 원리를 다루는 학문 일반의 명칭이 되었다. 이후 형이상학은 모든 존재하는 것의 존재 원리를 탐구하는 학문을 대표하는 이름이 되었다.[7]

다시 우리 문제로 돌아오자. 그렇다면 순수 도덕철학을 형이상학이라 부르고 '도덕형이상학'의 기초를 놓으려 했던 칸트의 시도는 무엇이 문제였을까? 가장 큰 문제는 있을 수 없는 이종의 결합을 시도했다는 것이었다.[8] 학문이 '이론적인 것'과 '실천적인 것'으로 나뉜다는 것은 부인할 수 없는 오랜 전통이었다. 형이상학은 대표적인 이론 학문이었고, 그렇기에 당시에 이론철학 또는 사변철학이라고 불리기도 했다. 반면 윤리학은 전형적인 실천 학문이었다. 이처럼 성격이 완전히 다른 윤리학과 형이상학을 합친다는 것은 당시로서는 전혀 생각할 수 없었다.

칸트는 왜 이런 혁명적 시도를 했을까? 위험해 보이는 이종의 결합에도 불구하고 도덕은 왜 형이상학이 되어야 했을까? 그 이유는 앞서 언급한 '도덕형이상학'의 필요성에서 찾을 수 있다. 윤리학은 인간이 따라야 할 도덕법칙을 다루는 학문이고 여기서 도덕법칙은 절대적 필연성을 요구한다. 이러한 필연성은 경험적 탐구로는 결코 얻어질 수 없고 이성에 관한 순수한 탐구, 다시 말해 형이상학적 탐구로만 가능하기 때문이었다.

이런 혁명적 시도에는 또 다른 이유도 있었다. 이 책 머리말에 등장하는 볼프Christian Wolff 윤리학에 대한 비판이 바로 그것이다.

> "[...] 그러므로 이 순수철학(형이상학)이 선행해야만 하며, 이것 없이는 도무지 어디에서도 도덕철학은 있을 수 없다. 저 순수 원리를 경험적인 것과 뒤섞는 것에는 철학이라는 이름조차 붙일 수 없다(왜냐하면 철학은 평범한 이성인식이 그저 뒤섞어 파악한 것을 분리된 학문으로 진술함으로써 평범한 이성인식과 구별되기 때문이다). 하물며 그런 것에 도덕철학이라는 이름은 더더욱 붙일 수 없다. 바로 이 뒤섞음으로 인해 그것은 도덕의 순수성 자체를 훼손하고 도덕의 고유한 목적에 반하기 때문이다."(『도덕형이상학 정초』 IV390)

칸트는 당시 유행하던 윤리적 탐구의 문제점을 지적한다.[9] 도덕에 관한 형이상학적 탐구가 결여된 당대의 윤리학은 윤리학의 순수성을 해칠 뿐 아니라 윤리학의 고유한 목적에 위배된다는 것이다. 칸트의 비판에는 신랄함을 넘어 절박함마저 느껴진다. 자신이 시도하는 도덕형이상학이 선행하지 않는다면 더 이상 도덕철학은 성립할 수 없고 윤리학은 철학의 이름을 잃어버리게 될 것이라는 절박함 말이다.

도덕은 왜 형이상학이 되어야 했을까? 머리말에서 찾을 수 있는 칸트의 답은 여기까지다. 그의 설명이 적절한지는 또 다른 문제이지만 이로써 윤리학은 한 번도 가본 적 없던 길에 들어섰다. 형이상학이 된 윤리학, 그것은 누구도 생각지 못했고 아무도 시도하지 않았던 서로 다른 종種의 결합이다. 존재의 질서에 머무르던 형이상학이라는 학문이 행위의 질서로 확장되었다. 이는 형이상학의 변신으로만 그치지 않는다. 주목해야 할 것은 윤리학에 일어난 변혁이다. 도덕이 형이상학이 된다는 것, 이를 통해서만 우리가 익히 아는 진정한 의무론적 윤리학이 탄생한다. 도덕은 더 이상 우리 본성에 주어진 도덕감moral sense의 산물도, 우리가 추구해야 할 고상한 덕목의 총체도 아니다. 그것은 우리 행위가 반드시 따라야 할 의무이자 필연적 법칙이다. 『도덕형이상학 정초』는 칸트가 우리에게 제시하는 혁명적 도덕세계로의 첫 번째 초대장이다.

---

1 『도덕형이상학 정초』 원문 내용을 인용할 때는 일반적 관례에 따라 학술원판의 쪽수로 표시할 것이다. 여기서 로마자 IV는 『도덕형이상학 정초』가 수록된 학술원 칸트 전집 4권을, 이어 나오는 아라비아숫자는 쪽수를 나타낸다. 대부분의 번역서에도 이 쪽수를 병기하고 있기에 이를 통해 원문의 내용을 확인할 수 있다.

2 'Metaphysik der Sitten'은 '윤리형이상학'이라 번역되기도 한다. 'Sitten'이라는 독일어는 맥락에 따라 '도덕' 또는 '윤리'라고 옮길 수 있기 때문이다. 정확한 번역에 관해서는 복잡한 논의가 필요하겠지만 여기서는 이 둘을 동일한 의미로 간주할 것이며, 주로 '도덕'으로 옮길 것이다.

3 책의 제목인 『도덕형이상학 정초(*Grundlegung zur Metaphysik der Sitten*)』는 "'도덕형이상학'이라는 학문의 기초를 놓는다."라는 뜻이다.

4 물론 '형이상학(Metaphysik)'과 '도덕(Sitten)'이란 말은 이미 존재했지만 이를 합친 '도덕형이상학(Metaphysik der Sitten)'이란 말은 이전엔 없었던 용어다. 당시 볼프 학파에서 'metaphysica moralis'란 용어를 사용하기도 했으나 이는 내용상 칸트의 용법과 달랐다.

5 이러한 전통적 분류는 각 학문이 다루는 서로 다른 규칙이나 법칙에 따른 것이다. 사고의 규칙을 다루는 것이 논리학이고 자연의 법칙에 관한 것이 자연학이며 윤리학은 자유의 법칙과 관련된 것이다. '자연의 법칙'이 자연 사물이 따르는 법칙을 의미한다면 '자유의 법칙'은 인간의 행위가 따르는 법칙을 의미한다. '자유의 법칙'에 대해서는 이후 더 상세한 논의를 할 기회가 있을 것이다.

6 아리스토텔레스에 따르면 '어떤 것'을 바로 그것이게끔 만드는 것으로 형식(eidos)과 질료(hyle)가 있다. 예컨대 하나의 집이 존재하기 위해서는 그것을 구성하는 재료와 그 집의 형태를 결정하는 설계도가 필요하다. 여기서 형식은 설계도이고 질료는 재료다. 따라서 질료적인 것은 구체적 내용을 가진 것, 혹은 우리가 직접 경험할 수 있는 것을 뜻하고 형식적인 것은 재료가 구체적으로 어떤 형태를 가질 수 있게 만드는 일종의 질서를 의미한다.

7 이후 형이상학은 조금씩 다른 뜻으로 사용되기도 하였으나 대체로 내용에서 큰 차이는 없었다. 대학에서 철학을 가르치기 시작하면서 형이상학이라는 학문은 명확한 정의와 다루는 대상의 영역이 정해진다. 칸트 당시 형이상학은 크리스티안 볼프의 학문 분류에 따라 가르치고 있었다.

8 칸트가 이러한 시도를 했다는 것은 그 자체로 역설적이다. 칸트는 줄곧 이종적인 것을 구별하지 않는 것에 비판적이었다. 감성적인 것과 지성적인 것, 분석적인 것과 종합적인 것, 수학적인 것과 형이상학적인 것 등 칸트 철학 곳곳에는 이종적인 것의 구별과 이를 혼용하는 것에 대한 비판이 등장한다. 흔히 칸트 철학을 이분법적이라 부르는 이유도 여기에 있다. 칸트의 이러한 태도는 바로 이곳 머리말에서도 등장한다. 칸트가 볼프 윤리학을 비판하는 이유도 구별해야 할 것을 구별하지 않고 혼용하고 있다는 점 때문이었다.

9 물론 칸트가 『도덕형이상학 정초』에서 볼프 윤리학만을 비판한 것은 아니었다. 칸트는 이 책에서 다양한 기존 윤리학의 문제점 역시 다루고 있다.

A

도덕은 경험적 방법을 통해 탐구될 수 없기 때문입니다. 인간의 도덕감정은 상이하고, 이에 근거한 도덕법칙은 누구에게나 타당한 보편성을 가질 수 없습니다. 경험과 무관하게, 경험에 앞선 선험적 학문으로서의 형이상학을 통해서만 도덕법칙의 필연성과 보편타당성을 말할 수 있기 때문입니다.

2강

선의지

善意志

세상에 절대선絶對善은 존재할까?

Q

노예제나 신분제도 하에서 도덕적으로 문제가 없던 행위에 대해 사람들은 시대가 바뀌면서 다른 판단을 하게 됩니다. 시대가 변하고 상황이 바뀌어도 변하지 않는 도덕적 선이 있을까요?

선의지는 그 자체만으로도,

자신 안에 온전한 가치를 가진 어떤 것으로 보석처럼 빛날 것이다.

-『도덕형이상학 정초』IV394

악惡과 싸우는 영웅들 이야기는 동서고금을 막론하고 가장 흔한 클리셰다. 우리는 악당을 물리친 영웅의 모습에 통쾌함을 느끼며 응원을 보낸다. 악은 패하고 마침내 선善이 승리하는 세상에 마음이 후련해진다. 권선징악勸善懲惡, 악을 벌하고 선을 권하는 것은 시대와 지역을 초월한 보편적 정신이었다. 왜일까? 왜 우리는 이처럼 선의 편일까?

도덕은 본질적으로 선을 추구한다. 그렇기에 윤리학은 선이 무엇인지, 어떻게 도달할 수 있는지 탐구하고 가르친다. 그렇다면 무엇이 선일까? 윤리학이 처음 찾은 답은 '행복'이었다. 나에게 좋은 것the good, 그래서 모든 것에 앞서 추구해야 할 것, 그것이 선이었고 결국 행복이었다. 아리스토텔레스 이후 오랫동안 윤리학이 행복론이었던 까닭이다.

그런데 행복은 정말 아무 제한 없이 좋을까? 행복이라 여겼던, 간절히 원했던 것들의 성취가 진정한 행복을 가져다줄 수 있을까? 궁극적으로 무엇이 나를 행복하게 하는지 과연 알 수 있을까? 칸트가 행복론에 제기하는 의문이다. 우리는 다가올 미래도, 거기서 주어질 행복의 크기도 다 셈할 수 없기 때문이다. 그렇다면 이 땅에 무조건 좋은 것, 다시 말해 절대적으로 선한 것은 있을 수 없을까? 절대적 선의 추구는 순전한 이상일 뿐 온전한 선의 실현은 현실에 없는 것일까?

"이 세계에서, 아니 세계 밖 어디서라도 아무 제한 없이 선하다고 생각할 수 있는 것은 오직 **선의지**뿐이다."(『도덕형이상학 정초』 IV393)

칸트 윤리학을 세상에 알린 『도덕형이상학 정초』의 첫 문장이다. 이 충격적 선언으로 칸트의 도덕철학은 단번에 유명해졌고 몰고 온 파장도 컸다. 굵은 글씨 '**선의지**'를 지우고 이 인용문을 다시 읽어 보라. 그리고 적절한 답을 떠올려 보라. 무엇이 그 빈 자리에 들어가야 할까? 금방 답이 생각나지 않는다면 칸트 시대 사람이 아닌 탓이다. 당시 누군가에 물어보면 주저 없이 신神이라 답했을 것이다. 이 세계에서, 아니 이 세계를 벗어나 우주 저편 어디에서라도 절대적으로 선한 것이 있을 수 있다면 그건 분명 신일 테니까. 당시 기독교 관점에서 신 외에 절대적으로 선한 것은 있을 수 없었다. 그런데 칸트는 이런 모범 답안을 버려두고 예상 밖의 것을 말한다. 바로 '선의지善意志'다.

선의지에 관한 이 놀라운 선언과 이어지는 칸트의 설명이 이번 2강의 주제다.[1] 먼저 이 첫 문장부터 새겨 보자. 의미는 분명하다. 이 세계 안과 밖 어디에서라도 절대적으로 선한 것이 있을 수 있다면 그것은 선의지뿐이라는 뜻이다. 이 선언이 충격적인 이유는 무엇일까? 절대적으로 선한 신의 자리를 선의지가 대신했기 때문일까?

그건 아니다. 칸트가 여기서 말하는 선의지를 신의 의지로 이해할 수도 있다. 선의지, 즉 선한 의지는 말 그대로 의지가 선하다는 뜻이다. 절대적으로 선한 의지는 바로 신의 의지를 뜻할 수 있다. 신이 절대적으로 선한 이유는 그가 원하고 행하는 모든 것이 선하기 때문이다. 요컨대 신의 의지가 절대적으로 선하기 때문이다. 그렇다면 이 첫 문장은 이상할 게 전혀 없어 보인다.

칸트는 선언한다. 이 세계 혹은 세계 밖 어디라도 아무 제한 없이 무조건 선한 것은 신의 의지뿐이라고. 이렇게 읽고 나면 이 문장은 증명이 필요 없는 자명한 공리公理처럼 보인다. 절대적으로 선한 것은 신의 의지뿐이라는 말에 더 이상 무슨 해명이 필요하겠는가. 그런데 문제는 이어지는 칸트의 해명이다. 이 선언이 가져온 충격과 파장도 결국 여기에 기인한다. 칸트의 해명은 크게 세 가지로 요약된다.[2] 첫째, 선의지의 필요성과 역할. 둘째, 선의지가 선한 이유. 셋째, 선의지와 이성의 관계다.

먼저 첫째 해명부터 들어 보자. 우리가 선하고 바람직하다고 여기는 정신의 재능들이 있다. 예컨대 지성, 기지, 판단력, 용기, 결단성, 일관성 등이다. 이런 재능을 가진 누군가를 생각해 보라. 그런데 그의 의지가 악하면 어떨까? 그는 악한 일에 더 높은 지성과 기지를 발휘할 것이며, 남다른 용기와 판단력으로 결단성 있게 악을 저지를 수 있다. 한마디로 의지가 선하지 않으면 더 극악무도하게 타인을 해칠 수 있다.

타고난 행운이나 주어진 자질도 사정은 마찬가지다. 부, 명예, 권력, 타고난 건강도 선한 의지가 없으면 사람을 오만하게 할 뿐 진정한 행복으로 이끌지 못한다. 절제나 냉철한 성찰 같은 성질도 무조건 선하다 할 수는 없다. 이러한 자질이 선한 의지를 촉진하거나 도움을 줄 수 있을지 몰라도 선한 의지가 전제되지 않으면 오히려 더 나쁜 결과를 낳는다. 냉혈의 악한이 훨씬 더 위험한 법이다. 이처럼 선의지는 선의 필수 조건이며 선의지 없이는 그 어떤 것도 절대적 선의 자격을 갖추지 못한다. 여기까지가 선의지의 필요성과 역할에 관한 칸트의 설명이다.

둘째 해명은 선의지가 선한 이유다. 선의지를 둘러싼 진짜 논란은 여기부터다. 사실 선의지가 선하다는 데 따로 이유는 필요 없어 보인다. "선善의지가 선善하다Good will is good."라는 것은 "흰 눈은 희다White snow is white."라는 말처럼 동어반복tautology으로 들리기 때문이다. 그럼에도 칸트는 여기에 설명을 보탠다. 먼저 칸트의 말을 들어 보자.

> "선의지는 그것이 생기게 한 것이나 성취한 것으로 인해 선한 것이 아니고, 또 어떤 정해진 목적 달성에 유용함으로 인해 선한 것이 아니다. 그것은 오로지 그 의욕함으로 인해, 다시 말해 그 자체로 선한 것이다. [...]"(『도덕형이상학 정초』 IV394)

선의지가 선한 이유는 그것이 의욕함으로 인해, 그러니까 '하고자 한다는 것'으로 인해 선한 것이다. 이게 도대체 무슨 말인가? 선의지가 선한 이유가 그 자체로 선하기 때문이라니, 하나 마나 한 이야기 아닌가? 그렇지 않다. 여기에는 칸트만의 윤리적 통찰이 담겨 있다. 지금 문제가 되는 것은 "선의지는 왜 선한가?"이다. 그런데 자세히 보면 실상 문제의 본질은 "우리의 의지를 어떨 때 선한 의지라 할 수 있는가?"이다.

칸트의 뜻은 다음과 같다. 우리가 무엇인가를 의욕하고 그 의지를 펼쳐 어떤 행위를 한 경우를 생각해 보자. 이때 우리의 의지는 어떤 경우에 선하다고 말할 수 있을까? 그것이 만들어 낸 행위의 결과 때문일까? 다시 말해 행한 일이 선해서, 그러니까 선한 일을 했기 때문일까? 아니면 애초에 의지가 선했기 때문에, 즉 하고자 했던 의지가 선한 것을 의욕하는 선한 의지였기 때문일까? 현실에서 결과적으로 이 둘은 차이가 없을 수 있다. 그러나 논리적으로는 차이가 크다. 언제나 참인 경우는 후자다. 만약 누군가 선한 의지를 갖고 선한 일을 의욕했다고 하자. 그렇다고 그가 행한 일이 언제나 원했던 선한 결과를 가져오지는 않는다. 좋은 의도로 했던 일이 원치 않았던 나쁜 결과를 만들 수도 있다. 만일 행위의 결과가 선하기에 그 의지가 선하다고 말해야 한다면 이 경우는 좋은 의지를 가졌음에도 그 의지는 선한 의지가 아니게 된다. 따라서 선한 일을 의욕하는 선한 의지가 선한 이유는 그것이 가져올 결과에서 찾으면 안 된다. 결국 선의지가 선하다고 말할 수 있는 이유는 그 의지가 선했기 때문이다. 이것이 칸트가 너무 당연해 보이는 말을 하는 이유다.

이어 칸트는 구체적 사례를 들어 설명을 보탠다. 선한 의지를 가진 누군가를 가정해 보라. 그는 분명 자신의 의지를 관철해 선한 일을 하려 할 것이다. 그런데 만약 그의 환경이 좋지 않거나 타고난 운명이 불행하다면 그 의지를 실현하지 못할 수 있다. 결국 그는 선한 의지를 가졌음에도, 그 의지를 관철하려 최선을 다했음에도 아무런 도덕적 선도 이루지 못할 수 있다. 그렇다면 그의 삶은 아무런 도덕적 가치가 없는 걸까? 만약 의지의 선함이 그 의지로 이루어 낸 결과에 따라 결정된다면 아무리 선한 것을 원했다 하더라도 그의 의지는 선한 의지라 말할 수 없을 것이다. 그러나 선의지가 선한 이유를 의지의 선함에서 찾는다면 설령 그 의지로 아무것도 이루지 못해도 그 의지는 여전히 선한 의지일 수 있다.

그렇기에 칸트는 말한다. 선의지는 비록 아무런 성과 없이 자신만 남아도 그 자체로 보석처럼 빛난다고. 그 어떤 유용성이나 무익함에도 변하지 않는 온전한 가치를 자신 속에 지닌다고 말이다. 결국 선의지가 선한 이유는 어떤 방해에도 무조건적인 가치를 갖는 절대선이기 때문이다. 칸트의 설명은 이렇게 끝난다.

셋째 해명은 선의지와 이성에 관한 것이다. 여기서 우리는 칸트 윤리학의 또 다른 특성을 보게 된다. 앞서 선의지의 절대적 가치를 말한 칸트는 이제 하나의 의문을 제기한다. 자연은 왜 우리에게 '의지'와 '이성'을 함께 준 걸까? 만약 인간에게 행복이 절대적 선이라면, 그 행복을 얻고자 하는 의지로 충분하지 않을까? 모든 자연 존재는 자신의 상태를 유지하려는 본능적 의지를 갖는다. 그렇기에 삶의 유지에 필요한 것을 알고, 자신에게 좋은 것을 선택하는 데 본능이 최상의 도구로 작동할 것이다. 그런데 왜 굳이 자연은 우리에게 이성이라는 능력을 준 걸까? 그것은 자연의 잘못된 선택일까? 이렇게 칸트는 의문을 제기한다.

물론 칸트의 의도는 스스로 제기한 의문에 답함으로써 자신의 생각을 밝히는 데 있다. 칸트가 제기한 의문을 다시 보자. 만약 유기체로서 우리의 존재 목적이 단지 행복일 뿐이라면 자연이 우리에게 이성의 능력을 준 것은 잘못이다. 행복이라는 목적에 알맞은 수단을 선택하고 이를 달성하는 데 본능이 훨씬 유능하기 때문이다. 그렇다면 자연은 이성이 우리 행동을 결정하고 이끌지 못하게 선택했어야 했다.[3] 심지어 때때로 이성은 인간의 행복에 방해가 되곤 한다. 행복을 위한 지나친 이성의 발휘는 오히려 우리를 불행으로 이끌 수도 있기 때문이다. 그런데도 자연은 왜 행복으로 이끌기에 유능하지도 못한 이성을 '실천 능력'[4]으로 부여한 것일까?

이제 칸트는 답한다. 비록 행복을 실현하는 데 무능하더라도 이성에게는 자연이 부여한 사명이 따로 있다고. 이성의 참된 사명은 '선한 의지'를 낳는 것이라고.

> "[...] 그러나 그럼에도 우리에게는 이성이 실천 능력으로서, 다시 말해 의지에게 영향을 미쳐야 하는 그런 것으로 부여되어 있으므로, 이성의 참다운 사명은, 가령 다른 의도에서 볼 때 **수단으로서의** 의지를 낳는 것이 아니라 **그 자체로서 선한 의지**를 낳는 것이어야만 한다. 이를 위해 단적으로 이성이 필요했던 것이다. [...]"(『도덕형이상학 정초』 IV396)

이성은, 정확히 말해 실천이성은 의지를 규정하는 능력이다. 여기서 '의지를 규정한다'는 말은 의지에 영향을 끼쳐 의지를 만들어 낸다는 뜻이다. 이렇게 생겨난 의지는 원하는 목적 달성을 위한 것, 즉 수단으로서의 의지일 수 있다. 그러나 이성은 이런 수단으로서의 의지를 만들어 내기 위한 것이 아니다. 그것은 굳이 이성의 규제 없이도 본능에 의해 의지가 발현될 수 있다. 이성이 필요한 이유는 선한 무엇을 위해 수단을 선택하는 의지가 아니라, 그 자체로 선한 선의지를 낳기 위한 것이다. 이것이 이성의 참다운 사명이다.

칸트에 따르면 이성의 최고 사명은 선의지를 올바로 세우는 것이다. 그리고 이 선의지만이 우리가 추구해야 할 '최고선'이다. 이 '최고선'을 위해 행복과 같은 여타의 선은 제한되거나 무시될 수 있다. 그렇다면 자연이 우리에게 이성을 실천 능력으로 부여한 것은 올바른 선택이다. 이성은 최고선을 위해 때로는 인간의 행복 달성을 제한하거나 방해할 수 있다. 비록 우리 본능이 원하는 목적 달성에 방해가 되더라도 이성은 자신의 실천적 사명을 달성하는 데 만족할 수 있기 때문이다.

지금까지의 이야기를 정리해 보자. 칸트의 윤리학을 세상에 알린 첫 문장은 '선의지'에 관한 충격적 선언이다. 여기서 칸트는 절대선을 말한다. 이 세상 안과 밖 어디에서도 아무 조건 없이 절대적으로 선한 것이 있다면 그것은 '선의지'다. 그리고 이 선의지가 신의 의지로 제한되지 않는 한, 칸트의 선언은 결코 동어반복이 아니다. 이에 관한 칸트의 해명은 인간의 의지가 어떻게 절대적 선의지가 될 수 있는지에 맞춰져 있다. 불완전한 인간의 의지가 어떻게 제한 없이 선한 절대선이 될 수 있을까?

칸트는 그 답을 제시한다. 의지의 선함은 그것이 가져다주는 결과 때문이 아니다. 그 의지의 원함 자체가 선한 것이기 때문에 그 의지는 선한 것이다. 다시 말해 그 의지 자체가 이미 선한 의지였기 때문이다. 또한 이 절대적으로 선한 의지를 낳는 것은 이성이다. 자연은 우리에게 의지를 제한하고 통제하여 선한 의지를 낳을 수 있는 실천 능력으로 이성을 부여했다. 따라서 이성이 바로 선의지의 기원이다.

선의지에 관한 이상의 논의는 칸트 윤리학의 몇 가지 특성을 잘 보여 준다. 첫째, 이 세상에 절대적 선은 없고 모든 도덕적 가치는 상대적이라고 주장하는 윤리적 상대주의에 대한 거부다. 칸트의 윤리학에는 도덕적으로 아무 제한 없이 무조건적으로 선한 절대선이 존재한다. 그것은 바로 선의지다. 진정한 도덕적 선은 상대적이지 않다. 그렇기에 우리가 추구해야 할 것은 비교할 수 없는 절대적 가치의 도덕적 선이다.

둘째, 결과보다 동기를 중요시하는 윤리학이다. 선의지가 선한 이유, 다시 말해 선의지의 절대적 가치는 그것이 가져올 결과에 있지 않다. 인간의 도덕적 가치가 온전히 결과로서의 도덕적 행위에 있다면 인간은 진정한 도덕적 존재가 될 수 없다. 인간의 의지는 도덕적 선을 산출하기에 때로는 약하고 불완전하다. 그럼에도 인간이 도덕적인 존재일 수 있는 까닭은 그 의지가 선한 의지일 수 있기 때문이다. 하지만 이러한 칸트 윤리학은 '동기주의'라는 이유로 비판의 대상이 되곤 한다.[5]

셋째, 이성주의 윤리학이다. 칸트 윤리학에서 이성의 역할은 여러 의미에서 결정적이다. 여기서는 선의지를 만들어 내는 이성의 사명이 처음 등장한다. 신은 원하는 바가 그 자체로 선인 존재다. 다시 말해 신의 의지는 언제나 선하다. 그러나 인간의 의지는 다르다. 때로는 선보다 자신의 유익을 원한다. 그렇기에 인간의 의지가 언제나 선한 의지일 수는 없다. 그러한 인간에게 선의지를 가능하게 해주는 것이 바로 이성이다. 도덕은 절대적 선을 추구해야 하고, 그러한 절대선은 오로지 선의지밖에 없다면 이를 가능하게 하는 이성은 도덕이 성립하기 위한 핵심 조건이다. 칸트 윤리학을 이성주의적 윤리학이라 부르는 이유다.

우리가 사는 세상에 더 이상 영웅은 없다. 모든 악을 물리친 절대선의 통쾌한 영웅담도 현실에는 없다. 오늘도 우리는 도덕적 부패와 악행을 목도하며 살아간다. 선보다 강한 악이 존재하는 것은 단지 우리가 살아가는 세상 속 이야기뿐만이 아니다. 우리의 마음 안에서도 선은 언제나 자신보다 강한 악과 싸우고 있다. 그리고 우리는 절망한다. 온전한 선의 승리는 내 안과 밖 어디에서도 이루어질 수 없음을 목도한 채. 절망은 자연스레 우리를 절대선의 포기와 도덕적 상대주의로 이끈다.

하지만 칸트는 선언한다. 절대선은 존재한다고. 이성에 기원한 선의지만은 절대적으로 선하다고 말이다. 비록 우리는 의지의 약함과 본성의 방해로 온전한 선의 실현에 실패할 수도 있다. 그러나 선의지만은 그 자체로 빛날 것이다. 어둠 속에 홀로 빛나는 눈부신 보석처럼 말이다. '선의지'에 관한 이 놀라운 선언으로 칸트 윤리학은 시작된다. 이 흥미로운 여정에 우리는 막 들어섰다.

---

1 이 첫 문장에 대한 칸트의 설명은 원문 IV393-396쪽까지 이어진다. 원문의 이 부분을 함께 읽으면 2강 이해에 도움이 될 것이다.

2 원문에서 칸트는 해명이라는 표현을 쓰지 않았고 이런 세 구분도 명확히 드러나지 않는다. 이는 이해를 위해 필자가 원문의 내용을 임의로 나눈 것이다.

3 다윈의 진화론이 세상에 알려지기 전이었지만 칸트는 가끔 진화론에 잘 부합하는 설명을 한다. 여기서 '자연이 선택한다'는 말의 의미도 진화론에서 말하는 '자연선택'과 유사하다.

4 칸트는 이성을 두 측면으로 구분해 말하곤 한다. 우리가 흔히 말하는 이성은 세상을 인식하는 능력에 관한 것으로, 이를 칸트는 '이론이성' 또는 '사변이성'이라 부른다. 반면에 인간의 행위를 결정하거나 의지와 관련된 이성의 능력은 '실천이성'이라 부른다. 칸트에게 이 둘은 하나의 뿌리를 가진 동일한 이성이며 단지 역할이 다를 뿐이다.

5 도덕적 행위의 결과보다는 도덕적 주체의 동기와 마음을 중요시한다는 점에서 칸트 윤리학은 '동기주의' 또는 '심정 윤리학'이라 불린다. '동기주의'를 둘러싼 문제점은 후에 언급할 기회가 있을 것이다.

칸트는 이 세상에 절대적 선은 없고, 모든 도덕적 가치는 상대적이라는 윤리적 상대주의에 반대합니다. 칸트가 도덕의 절대성을 강조하는 이유는, 그것이 인간의 본성이나 감정과 같이 가변적인 것들에 근거해서는 안 된다고 생각하기 때문입니다. 노예에 대한 도덕적 판단이 시대에 따라 변했다는 것은, 그것이 진정한 도덕적 선의 역할을 하지 못했다는 증거입니다. 도덕적 선이 언제 어디서 누구에게나 보편타당한 것으로 작용하려면 시대나 상황에 따른 상대성을 넘어설 수 있어야겠지요. 그렇기에 칸트는 이런 보편적 법칙으로서의 도덕성은 어디서 기인하고 무엇에 근거해야 하는지를 탐구했습니다.

3강

어느 의무론자의 고백

'불효자는 웁니다'

Q

천성적으로 다른 사람을 도우는 것을 좋아해 불쌍한 사람에게 적선을 한 행동에는 아무런 도덕적 가치가 없고, 평소 구두쇠라 어려운 사람을 도와줄 생각은 눈꼽만치도 없지만 어려운 사람을 도우는 것이 의무라 생각해서 마지못해 적선을 한 행동이 오히려 도덕적 가치를 갖는다면, 마음에서 우러나오는 호의에서 한 행동은 아무런 도덕적 가치를 갖지 못하는 것인가요?

불러 봐도 울어 봐도 못 오실 어머님을
원통해 불러 보고 땅을 치며 통곡해요.
다시 못 올 어머니여 불초한 이 자식은
생전에 지은 죄를 엎드려 빕니다.

- 〈불효자는 웁니다〉 가사 중에서

〈불효자는 웁니다〉는 1940년에 발표된 곡이다.[1] 통곡하듯 외치는 애절한 목소리와 슬픈 가사는 듣는 이의 심금을 울렸다. 녹음 직전 어머니의 부고를 접했다는 가수의 개인사까지 더해져 오랫동안 이 땅의 수많은 불효자를 울렸다. 옛 노래가 나오는 방송에선 지금도 가끔 이 곡이 흘러나온다. 그리고 누군가는 회한을 담아 이렇게 읊조린다. "불효자는 웁니다." 세상은 바뀌었는데 불효자의 탄식은 여전하다.

혹시 '불효자 논쟁'이란 말을 들어 본 적이 있는가? 이런 이름의 공식 논쟁은 세상에 없었으니 아마도 없을 것이다. 그런데 사실 이 논쟁은 오늘도 진행형이다. 우리 주변에서 가장 흔한 뒷담화는 자식 도리 못한 불효를 겨눈다.[2] 시댁 식구를 함부로 대한 며느리, 늙고 병든 부모를 방치한 자식 등 공경은 차치하고 최소한의 부양도 팽개친

패륜의 스토리는 막장 드라마 소재만큼 주위에 흔하다. 이로 인한 분쟁은 가족 내 불화를 낳고 지인 간 갈등을 일으킨다. 서로 상대의 불효를 탓하고 자신의 행동을 정당화한다. 바야흐로 '불효자 논쟁'이 불붙는다. 자식 된 도리가, 아니 도대체 효孝가 뭐길래?

옛 성현들은 하나같이 효를 말한다. 이는 자식 된 도리이니 자식이라면 마땅히 효도해야 한다고 강조한다. 그런데 이게 말처럼 쉽지 않다. 그래서 해야 한다고, 그것을 의무라고 가르치는 것이다. 의무는 칸트 윤리학의 핵심 개념이다. 우리는 그의 윤리학을 의무론이라 부른다. 그렇다면 칸트에게 '의무'는 어떤 의미일까? 칸트의 의무론은 어떤 도덕 이론일까? 아니 그보다 도대체 의무론과 '불효자 논쟁'이 무슨 상관일까? 칸트의 텍스트에서 이 질문들의 답을 찾는 것이 이번 3강의 목표다.

의무에 관한 칸트의 논의는 앞서 2강에 다루었던 선의지 문제에 연이어 등장한다.[3] 먼저 칸트는 지금까지 말해 왔던 선의지에서 갑자기 의무 개념으로 논의를 옮기는 이유를 밝히고 시작한다. 그가 밝힌 이유를 한 문장으로 요약하면 이렇다. 의무 개념은 선의지 개념을 잘 드러내고, 그것이 담고 있는 내용을 잘 보여 주면서, 동시에 그것을 발전시키는 데 유용하기 때문이다.[4] 칸트는 이렇게 이유를 밝히고 본격적으로 의무 개념을 다루기 시작한다. 그는 먼저 의무를 둘러싼 세 경우를 분류한다. 그리고 이 중 관심을 두고 다루려는 경우가 무엇인지 밝힌다. 이러한 분류의 목적은 자신이 생각하는 도덕적 선이 무엇인지를 의무 개념을 통해 밝히기 위해서다. 칸트의 이야기를 직접 들어 보자.

> "나는 여기서 의무에 어긋나는 것으로 인식된 모든 행위는, 비록 이들이 이런저런 의도에서 유용하다 할지라도 무시할 것이다. 왜냐하면 이런 행위들에서는 과연 그것들이 **의무로부터** 일어난 것일 수 있는지 아닌지의 물음이 전혀 생기지 않고, 심지어 이런 행위들은 의무와 상충하기 때문이다. 또한 나는 실제로는 의무에 맞으나, 그럼에도 사람들이 직접적으로는 그것에 **아무런 경향성**을 갖지 않고, 다른 경향성으로 인해 그렇게 하도록 내몰려 한 행위들도 제쳐 놓는다. 왜냐하면 여기서는 의무에 맞는 행위가 **의무로부터** 일어난 것인지, 아니면 이기적 의도에서 일어난 것인지 쉽게 구별되기 때문이다. 훨씬 구별이 어려운 것은, 행위는 의무에 맞고, 주관은 거기에다 그 행위에 대한 **직접적 경향성**을 갖는 경우다."(『도덕형이상학 정초』 IV397)

첫째 경우는 '의무에 어긋나는 행위'다. 쉽게 말해 어떤 행동이 마땅히 해야 할 의무에 벗어난 것을 말한다. 이 경우는 그것이 아무리 좋은 의도를 가졌고 특정 목적에 잘 부합해도 도덕적으로 선한 행동이 될 수 없다. 예컨대 거짓을 말하는 행동은 그 의도나 결과에 상관없이 거짓을 말하지 않을 의무에 어긋난다. 따라서 이 경우는 더 이상 논의 대상이 아니다.

둘째 경우는 '의무에 맞으나 그것에 경향성을 갖고 있지 않은 행위'에 관한 것이다. 이 말은 조금 어렵게 들린다. 이해를 위해 먼저 칸트가 사용하는 개념의 뜻을 알아보자. 칸트는 어떤 행위를 '의무에 맞는gemäß Pflicht' 행동과 '의무로부터aus Pflicht' 행한 것으로 구별한다. 예컨대 A와 B 두 사람이 모두 거짓을 말하지 않은 경우를 생각해 보자. 이때 '거짓을 말하지 않는 것'을 '의무'라고 한다면 A와 B는 모두 '의무에 맞는' 행위를 한 것이다. 그런데 A는 거짓을 말하지 않는 것이 의무이기 때문에 그렇게 행동했고, 반면에 B는 의무이기 때문에 거짓을 말하지 않은 것이 아니라 그것이 자신에게 더 유리하거나 다른 이유에서 그렇게 했다. 그렇다면 이 경우에 두 사람 모두 '의무에 맞는' 행위를 했지만, 오직 A만이 '의무로부터' 행동한 사람이 된다.

다음은 '경향성Neigung'이라는 개념이다. 경향성이라 옮긴 'Neigung'은 라틴어 'inclinatio'의 독일어 표현이다. 이 말은 원래 경사 혹은 기울기를 뜻한다. 기울어진 경사를 생각해 보라. 여기에 공을 놓으면 공은 그 경사를 따라 굴러갈 것이다. 인간이 가진 경향성도 이와 유사하다. 경향성은 마치 우리 마음의 기울기와 같아서 그 기울어진 방향으로 우리의 원함과 행동을 이끈다. 인간은 자신의 욕구와 본능에 의한 다양한 경향성을 갖는다. 자신의 생명을 유지하려는 성향, 부나 명예 또는 권력을 취하려는 성향 등, 많은 행동이 이런 경향성의 결과로 생긴 것일 수 있다. 따라서 사람마다 경향성이 다를 수 있다.

이제 둘째 경우로 다시 돌아오자. 이 경우는 '의무에 맞으나 그것에 경향성을 갖고 있지 않은 행위'였다. 그런데 칸트는 이것도 논의에서 제외할 것임을 밝힌다. 왜 이를 논의에서 제외할까? 칸트는 인용 텍스트 바로 다음 문장에 둘째 경우의 사례를 직접 제시한다.[5] 어느 가게 주인의 예다. 그는 가격을 잘 모르는 어리숙한 손님에게 바가지를 씌우지 않고 정확한 물건값을 받았다. 그런데 여기서 한 가지 상황을 더 가정해 보자. 이 주인이 마음으로는 물건값을 속이고 싶었지만 가게 신용 문제로 생겨날 미래의 더 큰 손해를 염려해 정직한 물건값을 받았다고 하자. 여기서 상인은 분명 '의무에 맞는' 행위를 한 셈이다. 손님을 속이지 않고 정직하게 행동하는 것은 거짓을 말하지 않을 의무에 맞는 행위이기 때문이다. 하지만 그의 행동에 직접적 경향성은 없다. 즉 상인의 마음속에 모든 손님을 다 사랑하여 그들에게 올바른 가격을 말해 주고 싶은 경향성은 없다. 다시 말해 누군가에 특전을 주지 않고 모두를 동일하게 대하고 싶은 마음의 경향성으로 그렇게 행동했다 볼 수 없다.[6] 오히려 그의 행동은 앞서 가정한 상황에 의하면 가게의 신뢰를 높이려는 사적 이익을 의도한 것이다. 이 상인의 행동이 바로 '의무에 맞으나 경향성을 갖고 있지 않은 행위'다. 그리고 칸트는 이런 경우를 지금 논의에서 제외하려 한다. 왜냐하면 이 경우는 해당 행위가 의무로부터 한 행위인지 다른 이기적 의도에서 한 행위인지 구별이 쉽다. 한마디로 그 행위의 도덕적 선 여부를 쉽게 판단할 수 있기 때문이다.

이제 문제는 셋째 경우다. '의무에 맞으며 주관이 그에 직접적 경향성을 갖는 행위'가 논의 대상이다. 이것이 문제인 이유는 무엇일까? '의무에 맞는' 어떤 행위가 있다고 하자. 그런데 이 행위는 주관이 이에 대한 직접적 경향성도 가지고 있다. 다시 말해 가만히 두어도 그 행위를 할 상황이다. 그렇다면 '의무에 맞는' 그 행동이 '의무로부터' 행한 것인지 아니면 경향성이나 다른 의도로 인한 것인지 구별이 쉽지 않다. 여기에 해당하는 경우로 칸트는 다음 사례를 제시한다. 자기 생명을 보존하는 것은 의무다. 그리고 누구나 이에 직접적 경향성도 갖는다. 다시 말해 우리는 가만히 두어도 생명을 보존하기 위한 행동으로 이끌리는 경향성을 갖는다. 따라서 자기 생명을 보존하는 행위는 '의무에 맞으며 동시에 직접적 경향성을 갖는 행위'다.

누군가 자신의 생명을 보존하는 삶을 산다고 하자. 그의 행동은 과연 도덕적일까? 우리는 이를 쉽게 판단할 수 있을까? 그가 자기 생명을 보존하는 삶을 산 것은 분명 '의무에 맞는 행위'다. 그러나 그 행동이 '의무로부터' 일어난 것인지, 아니면 생을 보존하고 싶은 '경향성'으로 일어난 것인지를 판단하기는 쉽지 않다. 만약 그가 삶을 유지하는 것에서 생기는 근심과 불안에 매몰되어 생명을 유지하는 것의 내적 가치를 잊어버리고 단순히 경향성만으로 의미 없이 삶을 유지했다면 그는 분명 의무로부터 행동한 것이 아니다. 따라서 이런 경우 자기 생명의 보존은 아무런 도덕적 가치를 갖지 못한다. 반면에 그가 모든 희망을 앗아갈 슬픔을 당해 더 이상 삶을 유지하고 싶지 않음에도, 심지어 이로 인해 죽음을 원함에도 생명 보존의 의무 때문에 생명을 보존한다면 그의 행동은 도덕적 가치를 갖는다. 이때 그는 생명을 사랑하거나 죽음을 두려워하는 '경향성' 때문이 아니라 '의무로부터의 행동'을 했기 때문이다.

칸트는 또 다른 사례도 제시한다. 이번에는 선행의 의무에 관한 것이다. 누군가 불쌍한 주위 사람에게 선행을 했다고 하자. 가능한 선행을 하는 것은 의무다. 따라서 그의 행위는 의무에 맞는 행위다. 그런데 그는 천성적으로 동정심이 많아 선행을 하려는 경향성을 가지고 있다고 하자. 그러면 그의 행위는 의무에 맞는 행위이지만 이는 경향성으로 인한 것이지 의무로부터 행한 것은 아니다. 이처럼 '의무에 맞으며 동시에 직접적 경향성을 갖는 행위'는 그것의 도덕적 가치를 판단하는 일이 쉽지 않다. 그렇지만 아무리 의무에 맞는 행위라도 그것이 의무로부터 행한 것이 아니라면 그것은 아무런 도덕적 가치를 갖지 못한다. 동정심에 이끌려 한 선행을 칸트는 이렇게 평가한다.

> "그러나 나는 주장하거니와, 이런 경우 그 같은 행위가 아무리 의무에 맞고 사랑받을 만하더라도, 어떠한 참된 도덕적 가치도 갖지 않는다. 오히려 그것은 다른 경향성, 예컨대 명예를 향한 경향성과 같은 종류다. 그러나 명예를 향한 경향성이란, 만약 그것이 실제로 공익적이고 의무에 맞는 것, 따라서 존경할 만한 가치가 있는 것과 다행히 일치한다면 칭찬과 격려를 받겠지만, 존중받을 것은 못 된다. 왜냐하면 그 준칙에는, 그런 행위들을 경향성에서가 아니라 **의무로부**

터 행하는 도덕적 내용이 빠져 있기 때문이다."(『도덕형이상학 정초』 IV398)

선행은 분명 의무에 맞는 도덕적 행동이다. 하지만 그것만으로 도덕적 가치를 가질 수는 없다. 그 행동이 동정심이나 다른 의도에서 생긴 것이라면 그것은 존중받을 아무런 이유가 없다. 오로지 의무로부터 행한 선행만이 도덕적 가치를 갖는다. 하지만 여기서 한 가지 의문이 생길 수 있다. 경향성으로 인한 행위가 도덕적 선이 될 수 없다면 천성적으로 동정심을 가진 이의 선행은 아무런 도덕적 가치를 가질 수 없는 것일까? 그렇지는 않다. 천성적 박애가에게도 삶의 고난이나 불행이 닥칠 수 있다. 이로 인해 타인의 고난이 더 이상 그의 동정심을 자극하지 못할 수 있다. 결국 어떤 경향성도 그를 선행으로 이끌지 못할 때에도 오로지 의무에서 선행을 한다면 그때 비로소 진정한 도덕적 가치를 갖는다.[7] 이것이 선행의 사례를 통해 칸트가 말하려는 핵심이다. 이제 처음 3강을 시작하며 제기했던 질문으로 돌아가자. 칸트에게 의무는 무엇일까? 그의 의무론은 어떤 도덕 이론일까? 사실 이 질문에 답하기에 우리가 살펴본 텍스트는 지극히 제한적이다. 그럼에도 다음 사실은 알 수 있다.

첫째, 도덕이 성립하기 위한 기본 조건으로서의 의무 개념이다. 도덕적으로 선한 행위는 의무와의 관계에서 결정된다. 단순히 의무에 맞는 것인지, 아니면 의무로부터 나온 행위인지가 판단의 근거다.

또한 도덕적 행위는 왜 의무로 주어지는지도 추론할 수 있다. 경향성에 의한 행동은 우리를 도덕적 선으로 이끌지 못한다. 오히려 우리의 도덕 행위를 제한하고 방해한다. 그럼에도 우리가 그 행위를 해야 한다면 그것은 의무일 수밖에 없다. 이에 관한 자세한 논의는 『도덕형이상학 정초』 2절에 본격적으로 등장한다. 의무 개념의 이러한 특성에 관해서는 이후 다시 논의할 기회가 있을 것이다.

둘째, 칸트 의무론의 숨겨진 면모다. 의무론은 도덕이 의무에서 성립한다는 이론이다. 그렇다면 의무를 행하면 도덕적 선은 이루어지는가? 칸트의 답은 "아니다."이다. 우리 행동이 아무리 도덕이 요구하는 의무에 해당해도 그것이 항상 도덕적 선이 될 수는 없다. 의무에 맞는 그 행동이 의무로부터 생겨난 행동은 아닐 수 있다. 만약 우리의 행동이 의무이기 때문에 한 것이 아니라면, 혹여 경향성이 이끄는 행위가 이 의무에 맞아떨어졌다면 그 행동은 결코 도덕적 가치를 가질 수 없다. 칸트에게 도덕적으로 선한 행위는 '의무에 맞는' 행위가 아니라 '의무로부터의' 행위이기 때문이다. 이 점에서 칸트의 의무론은 앞서 선의지 논의에서처럼 '동기주의'라는 비판에서 자유로울 수 없다. 그러나 우리는 여기서 칸트 윤리학의 숨겨진 측면을 보게 된다. 그것은 칸트 윤리학의 인간적 면모다. 다음은 앞선 선행의 사례에 이어지는 텍스트다.

"또 하나의 예를 들어 보자. 자연이 이 사람 혹은 저 사람의 마음에는 도무지 동정심이라고는 거의 심어 놓지 않아서, 그가 (이 점을 제외하고는 훌륭한 사람이지만) 기질적으로 차갑고 다른 이의 고통에 무관심하다고 해보자. 아마도 이것은 그가 자신의 고통에 대해 타고난 인내와 강인함을 보이는 까닭에, 다른 모든 이에게도 그런 능력을 가정하고, 심지어는 요구하기 때문일 것이다. 그런데 자연이 이런 사람을 (진실로 그가 자연이 만든 최악의 산물은 아닐 것이다) 애당초 박애가로 만들지 않았다고 해서, 그가 온순한 기질의 사람보다 훨씬 더 높은 가치를 스스로에게 부여할 수 있는 가치의 원천을 자신 속에서 발견할 수 없겠는가? 그렇지 않다. 바로 거기서, 도덕적이며 무엇과도 비교할 수 없는 최고의 성품의 가치가 시작된다. 말하자면 그것은 그가 경향성으로부터가 아니라 의무로부터 선행을 행하는 것이다."(『도덕형이상학 정초』 IV398-399)

누군가는 칸트 윤리학에서 차가운 의무론자를 떠올릴지 모른다. 피도 눈물도 없는, 원칙만 고집하는 완고한 의무론자를. 인용한 텍스트에 나타난 의무론자는 이런 생각이 틀리지 않음을 보여 준다. 그는 동정심이라곤 전혀 없는 사람, 타인의 고통에 무관심한 냉철한 마음의 소유자, 아무런 공감 없이 그저 의무이기에 선행을 하는 차가운 의무론자의 모습으로 등장한다. 그렇다고 텍스트가 담고 있는 메시지도 그럴까? 칸트의 의무론도 그렇게 차가운 냉혈한의 모습일까? 그건 아니다. 강조점은 다른 곳에 있다. 도덕적이기 위해 어떤 성품을 가졌는지는 중요하지 않다. 최고의 도덕적 가치는 성품과 무관하게 발휘될 수 있기 때문이다.

공감과 동정심 넘치는 세상, 우리 모두 꿈꾸는 아름다운 세상이다. 그런데 현실이 어디 그런가. 주위에 눈을 돌리기에는 우리 삶이 너무 팍팍하다. 스스로를 돌보기도 어려운데 어찌 타인을 돕겠는가. 그렇기에 봉사하는 삶은 언제나 칭송의 대상이다. 박애의 정신으로 이웃을 돌봤다는 미담은 드물기에 그 향기는 짙다. 세상이 가슴 따뜻한 박애가들로 가득 차 있다면 좋겠지만 우리가 사는 곳은 그렇지 않다. 이들은 언제나 소수다. 도덕적 선이 이들에게서만 기대할 수 있는 것이라면, 아니 이들만이 도덕적 선을 행할 수 있다면 어떻게 되겠는가? 마음 따뜻한 사람의 선행에만 기대기에 세상의 결핍은 너무 넓고 크다.

칸트는 이런 인간의 '한계Grenze'[8]를 잘 알았다. 인간의 인식은 경험하는 세계 너머를 알 수 없다는 한계를 갖는다. 인식이 그러하듯 실천도 한계를 갖는다. 도덕적 선은 타고난 본성만으로 도달할 수 없는 한계 너머의 영역이다. 그러나 이 한계는 우리의 실천을 멈추게 하는 장애물이 아니다. 오히려 도덕적 선이 작동하는 더 넓은 세계로 들어서는 표지판이자 입구인 '경계Grenze'일 뿐이다. 여기를 넘어서면 누구나 도덕적 세계로 들어설 수 있다. 따뜻한 마음이 없어도, 타고난 동정심이 없어 도무지 타인의 불행에 공감하지 못해도 된다. 이런 경향성에 기대지 않고 의무를 행할 때 진정한 도덕적 가치는 빛난다. 의무임을 깨닫고 의무를 행하는 것은 누구나 할 수 있고, 의무에서 하는 행위만이 도덕적이기 때문이다. 인간 본성의 약함에도 도덕의 길은 열려 있다. 칸트 의무론의 인간적 면모는 바로 여기에서 빛난다.

이제 이쯤에서 미뤄 둔 '불효자 논쟁'으로 돌아가자. 칸트의 의무론이 '불효자 논쟁'과 무슨 상관일까? 상관이 있다. 칸트의 의무론은 칭송받던 효행 대신 비난받던 불효자의 손을 들어 줄지 모른다. 칸트의 눈에 비친 효는 우리 판단과 다르다. 누군가 진심으로 병든 부모를 정성껏 모신다 해도, 그 지극한 효심에 완쾌되는 기적이 일어난다 해도, 그가 타고난 효자여서 부모를 향한 애틋한 마음이 그를 효행으로 이끌었다면 그의 행동에 아무런 도덕적 가치가 없을 수도 있다. 그 효행은 직접적 경향성의 결과일 뿐 의무에서 한 행동은 아닐 수 있기 때문이다. 오히려 냉혈한으로 비난받던 불효자의 마지못한 행동에 도덕적 가치를 지닌 효가 숨어 있다. 평소 깊은 효심도 애틋한 마음도 없어 불효자처럼 보였어도, 뒤늦게 병든 부모에게 자식된 최소한의 도리만 묵묵히 한다 해도, 아무런 경향성 없이 순전한 의무로부터 이루어진 그 행동에서 도덕적 가치는 자신을 드러내기 때문이다.

지금 이 순간에도 어디선가 많은 불효자가 울고 있다. 떠난 부모를 그리워하며 눈물을 흘린다. 누군가는 불효의 기억으로, 누군가는 다 하지 못한 효행의 후회로. 이유는 달라도 회한에 예외는 없다. 마음을 다하지 못한 아쉬움과 밀려오는 그리움이다. 더 일찍 애틋한 마음을 갖지 못한 회한이다. 그러나 너무 슬퍼할 필요는 없다. 지난 행동에 마음이 좀 부족했으면 어떤가. 마음이 내키지 않았고 설사 마음 속 깊은 곳에 불평이 있었다고 한들 어떤가. 해야 할 도리를 했다면, 무엇보다 의무이기에 해야 할 바를 다했다면 그걸로 충분하다. 이것이 보통의 우리네 삶이고, 어쩌면 칸트가 말하는 진정한 의무론자의 모습일지 모른다. 효는 결코 먼 곳에 있지 않다. 불효자의 마음으로 울고 있을 이 땅의 많은 영혼과 지금도 진정한 의무론자의 길을 걷고 있는 모두를 응원한다.

---

1 김영일 작사, 이재호 작곡의 트로트 곡이다. 이 곡을 처음 부른 진방남은 반야월이라는 예명으로 작사가이자 작곡가로 활동하기도 했다.

2 이는 소위 7080세대에 해당하는 이야기일 수 있다. "우리"라는 표현에 필자와 세대가 다른 독자들의 양해를 구한다.

3 이번 강의는 원문 IV397-399에 관한 것이다. 이번에도 이 원문을 함께 읽으면 이해에 도움이 될 것이다.

4 의무 개념은 선의지 개념의 내용, 즉 주관의 제한과 방해에도 선으로서의 가치를 갖는다는 내용을 잘 드러낸다는 것이다. 주관이 원하지 않거나 하기 싫어도 해야 하는 상황을 의무라는 개념이 잘 보여 주기 때문이다. 또한 선의지 개념을 발전시킨다는 말은 선의지를 개발한다는 의미다. 선의지는 인간 이성에 자연적으로 내재해 있기에 외부 학습을 통해 가르칠 필요는 없지만 이를 잘 발휘할 수 있도록 개발할 필요는 있기 때문이다.

5 이 사례는 인용문에 연이어 문단 구분없이 이어지기에 자칫 셋째 경우의 예로 오해될 수 있으나 내용상 분명 둘째 경우의 사례다.

6 칸트의 이런 생각은 소위 말하는 '성선설'과는 거리가 있어 보인다. 그는 인간의 본성이나 경향성이 가만히 두어도 그 자체로 선을 향한다고 생각하지 않는다.

7 물론 동정심을 가진 사람은 선행과 관련하여 동정심을 발휘하지 못할 특수한 상황에서만 도덕적 선을 행할 수 있다는 뜻은 아니다. 경향성에 맞으면서도 의무에 맞는 어떤 행위가 도덕적 선이 될 가능성을 칸트는 배제하지 않는다. 이 경우에도 의무로부터 행한 것이기만 하면 그것은 도덕적 가치를 가질 수 있기 때문이다.

8 칸트는 인식이나 실천의 '한계'를 말할 때 'Grenze'라는 독일어를 사용한다. 이 단어는 '한계' 또는 '경계'라는 뜻을 갖는데, 칸트 철학 내에서도 문맥에 따라 '한계' 또는 '경계'로 번역할 수 있다.

칸트의 입장에 따르면 구두쇠의 행동이 오히려 도덕적 행동이 될 수 있습니다. 그리고 이러한 판단은 사실 우리의 도덕감정과는 잘 맞지 않습니다. 그럼에도 칸트는 왜 이런 입장을 고수했을까요? 만약 도덕적 행위의 가치가 한 개인의 경향성에 따라 결정된다면 어떻게 될까요? 그때에는 서로 다른 본성과 감정을 가진 인간 모두에게 타당한 도덕적 가치는 성립할 수 없을 것입니다. 따라서 칸트는 도덕이 인간 모두에게 동일하게 부여되어 있고 동일한 방식으로 작동해야 한다고 생각합니다. 이러한 동일성의 근거를 칸트는 이성에서 찾았고, 이성이 부여한 의무에 따른 행동만이 도덕적 가치가 있다고 본 것입니다.

그렇다고 천성적으로 불쌍한 사람을 도우려는 경향성을 가진 사람이 결코 도덕적 행동을 할 수 없는 것은 아닙니다. 아무리 자선에 대한 경향성을 가진 사람이라도 그 행동이 의무라는 것을 인식하고 의무에 따라 행동한다면 그때에는 도덕적 가치를 갖게 되겠지요. 물론 한 사람의 행동을 그의 내면에서 일어나는 모든 것을 종합하여 판단하는 것은 불가능합니다. 칸트가 말하려는 것도 한 개인의 행동이 도덕적이냐 아니냐를 구체적으로 판단할 수 있다거나 판단하자는 것은 아닙니다. 『도덕형이상학 정초』에서 칸트의 과제는 우리가 도덕적으로 선하다고 말할 수 있는 행동의 근거가 무엇인지를 찾는 것에 있습니다.

4강

의무론에게 묻다

'의무로부터의 행위'는 왜 도덕적인가?

Q

기쁨이나 보람을 느끼려고 한 행동이 아니라 의무에 부합하는 행동을 했는데 그 행동을 하고 보니 의도하지 않았던 기쁨이나 보람을 느낀다면 그것도 아무런 도덕적 가치가 없는 것인가요?

삶의 본능이 강요한 행동이 옳은 행동이라는 증거는 그것을 행할 때 얻는 즐거움에 있다. 그런데 기독교 교의적 내장을 가진 허무주의자들은 즐거움을 반박할 대상으로 여겼다. … 내면적 필연성도 없이, 깊은 개인적 선택도 기쁨도 없이 일하고 생각하고 느끼는 것보다 더 빨리 파멸에 이르는 것이 있을까? '의무'의 자동기계보다 더 빨리 말이다. 그것이 바로 데카당스에 이르게 하는, 아니 더 나아가 백치에 이르게 하는 처방전이다. … 칸트는 백치가 되고 말았다.

- 니체, 『안티크리스트』[1]

기쁨이 없는 삶을 생각해 본 적이 있는가? 어떤 것을 보고 들어도, 무엇을 먹고 마셔도, 좋아하는 그 어떤 일을 해도 아무런 기쁨이 없는 삶. 만약 그런 삶을 산다면 어떨까? 상상하기도 싫다. 그렇다. 누군가의 삶에서 즐거움을 빼앗는 것만큼 잔인한 일은 없다.

진화의 관점에서 본능의 선택은 언제나 옳다. 자기 유전자를 남길 확률이 큰 개체는 생존에 더 유리한 본능을 가진 자다. 살아남은 개체의 입장에서 보면 본능의 선택이 올바른 일을 한 셈이다. 그렇다면 기쁨은 올바른 선택에 대한 자연의 보상일지도 모른다. 본능에 따른 행동에서 우리가 즐거움을 느낀다면, 그것은 우리가 생존에 유리한 올바른 선택을 했다는 자연의 인정이자 칭찬일 수 있기 때문이다.

니체는 앞에서 인용한 텍스트에서 기쁨의 중요성을 말한다. 삶의 본능이 이끄는 대로 선택한 행동이 올바른 행동이라는 증거는 기쁨에 있다. 그렇다면 본능이 명하는 행동에도 올바름은 있다. 마음이 동하고, 거기에 기쁨이 따른다면 그 행동은 옳은 일이다. 마음의 이끌림도 아무런 즐거움도 없이 하는 행동이야말로 인간을 파멸로 이끈다. 거기에는 기쁨도 보람도 없이 그저 의무만을 행하는 의무의 자동기계만이 남기 때문이다. 여기서 니체의 비난은 삶의 즐거움을 거부하는 기독교적 금욕주의를 향하고 있지만, 그것은 칸트 윤리학을 동시에 겨냥하고 있다.

3강을 끝낸 독자라면 니체의 이런 비난이 일견 타당해 보일 것이다. 칸트는 '의무로부터의 행위'만이 도덕적이라 말한다. 마음이 동해서 한 것이 아니라 의무이기 때문에 한 행동만이 도덕적 가치를 갖는다면, 즐거움에서 한 행위나 기쁨이 수반된 행위는 도덕적일 수 없다. 누군가 의무에 부합하는 행위를 했는데, 그가 도덕적 의무라고 생각하지 않고 그저 마음이 동해서 했다면 도덕적 가치는 없다. 결국 아무리 의무에 부합하는 행위를 했더라도, 타인에 대한 연민이나 동정심, 기쁨이나 보람이 개입되면 그것은 아무런 도덕적 가치를 갖지 않는다. 얼마나 비인간적인 윤리학인가! 의무이기에 행하는 자, 아무런 감정도 없이 기계처럼 그저 의무에만 복종하는 의무의 자동기계만이 도덕적 가치를 갖는다니 말이다.

니체의 이런 비난에 칸트의 의무론은 과연 어떤 답을 할 수 있을까? 의무에 해당하는 행위를 했음에도 의무에서 비롯된 것이 아니라는 이유로 도덕적 행동이 되지 못하는 까닭은 도대체 무엇인가? 왜 '의무로부터의 행위'는 도덕적인가? 칸트의 의무론에 던지는 이 질문이 이번 4강의 주제다. 이에 대한 답을 앞선 3강에 이어지는 칸트의 텍스트에서 찾아보려고 한다.[1]

앞서 '자기 생명을 유지할 의무'와 '선행의 의무'를 다루었던 칸트는 이어서 '자기 행복을 보장할 의무'를 말한다. 여기서도 칸트의 주장은 동일하다. 자신을 위한 행복 추구가 경향성에서가 아니라 의무에서 비롯될 때 도덕적 가치를 갖는다. 여기 등장하는 통풍 환자의 사례는 이를 극명하게 보여 준다.[2]

통풍 환자가 눈앞의 맛난 음식을 먹고 이후에 고통을 받는다 해도 자기 행복 촉진을 위한 의무 때문에 맛난 음식을 먹었다면 그것은 도덕적 가치를 갖는다. 그가 건강을 위해 절제의 미덕을 발휘했어도 건강을 향한 경향성이 그 행동을 이끌었다면 거기에는 아무런 도덕적 가치가 없다. 통풍 환자의 예는 칸트의 주장이 현실에서 만들어 낼 수 있는 역설적 상황을 잘 보여 준다. 그럼에도 도덕적 가치는 의무에서 비롯된 행위에 있다는 칸트의 입장은 분명하다. 이처럼 '의무로부터의 행위'가 도덕적 가치를 갖는 이유는 무엇일까? 이에 대한 칸트의 이야기를 직접 들어 보자.

"의무로부터의 행위가 갖는 도덕적 가치는 그 행위를 통해 달성해야 할 **의도에 있지 않고**, 오히려 그 행위를 결정할 때 따르게 되는 준칙에 있다. 그러므로 의무로부터의 행위는 대상의 실재성에 의존해 있지 않고, 순전히 욕구능력의 모든 대상과 무관하게 행위를 일어나게 하는 **의욕의 원리**에 의존해 있다. [...] 따라서 만약 이 가치가 의지가 바라는 결과와 관련된 의지 안에 있는 것이 아니라면, 그것은 도대체 어디에 있을 수 있겠는가? 그것은 행위가 낳을 수 있는 목적과 무관하게 오로지 **의지의 원리** 안에만 있을 수 있다."(『도덕형이상학 정초』 IV399-400)

여기서 칸트의 답은 부정적 진술과 긍정적 진술로 주어진다. 먼저 "의무로부터의 행위가 갖는 도덕적 가치는 그 행위를 통해 달성해야 할 의도에 있지 않다."라는 부정적 진술을 보면, '행위를 통해 달성하려는 의도'에는 도덕적 가치가 없다. 칸트는 이미 앞선 논의에서 하나의 행위를 통해 달성하려는 목적이나 결과에는 아무런 도덕적 가치가 없음을 분명히 했다. 따라서 의무이기 때문에 한 행동이라도 그것이 도덕적 가치를 갖는 이유는 그 행동을 통해 달성하려는 의도나 목적 때문이 아니다. 그렇다면 의무에서 한 행동은 왜 도덕적 가치를 갖는가?

답은 세 가지 긍정적 진술로 주어진다. '준칙Maxime', '의욕의 원리Prinzip des Wollens', '의지의 원리Prinzip des Willens'가 바로 그것이다. 즉, 의무로부터의 행위가 갖는 도덕적 가치는 이들에서 찾을 수 있다는 말이다. 그렇다면 이들 각각은 무엇이고, 도덕적 가치가 왜 이들에게서 성립하는 것일까?

첫째로 칸트가 말하는 것은 '준칙'이다. '준칙'의 일반적 의미는 행위의 규범이나 원칙이다.[3] 즉 우리의 행위가 따라야 할 실천 원리다. 예를 들어 내가 '불필요한 소비는 하지 않는다'는 준칙이 있다면, 나의 소비와 관련된 행동, 즉 무엇을 구입할지 말지는 이 원칙에 따라 결정될 것이다. 이것이 바로 행동의 규범이나 원칙인 준칙이다.

따라서 칸트가 말하려는 바는 이렇다. 의무로부터의 행위의 도덕적 가치는 우리가 행동을 결정할 때 따르는 주관의 원리에서 생겨난다. 그렇다면 이것은 둘째 표현인 '의욕의 원리'와 다를 바가 없다. '하고자 하는 것의 원리'를 뜻하는 '의욕의 원리'도 결국 내 행위의 원리를 뜻하기 때문이다. 다만 여기에 몇 가지 뜻을 더하고 있다. 이 '의욕의 원리'는 우리가 의욕할 수 있는 대상들과는 무관하다. 즉 이들 의욕의 대상을 전혀 고려하지 않는 것이다. 결국 이 말은 행위의 결과를 고려하지 않는다는 뜻이고 여기에서 자연스레 셋째 표현이 등장한다.

'의무로부터 행위'가 갖는 도덕적 가치는 행위가 낳을 수 있는 목적이나 결과와 무관하게 오로지 '의지의 원리'에만 있다. '의지'는 '무엇을 하고자 하는 마음'을 뜻한다. 여기서 '의지의 원리'는 앞서 말한 '의욕의 원리'와 별반 다르지 않다. 결국 '의무로부터의 행위'가 갖는 도덕적 가치는 세 가지의 서로 다른 것에서 성립한다는 의미가 아니다. 이는 설명을 위한 서로 다른 표현일 따름이다. 이 표현들은 공통적으로 말한다. 행위의 도덕적 가치는 그것을 통해 달성하려는 의도나 목적, 혹은 그것이 가져다줄 결과에 있지 않다. 그것은 '원리'에 있다. 즉 우리 행위를 결정하는 원리, 혹은 행위를 낳는 '의지의 원리'가 바로 그것이다.

그렇다면 '의무로부터의 행위'가 갖는 도덕적 가치가 우리가 행위를 결정하는 '원리'에 있다는 것의 의미는 무엇일까? 칸트가 말하는 바를 다음 사례에 등장하는 인물 A의 행동에 적용해 보자.

의무: 어려움에 처한 이를 돕는 것은 타인에 대한 의무다.

A의 준칙: A의 준칙, 즉 A의 행동 원리는 누군가에게 도움이 되는 행동을 하는 것이다.

A의 행동: A는 경제적 어려움으로 곤경에 처한 인물 B를 도왔다.

우선 곤경에 처한 B를 도운 A의 행동은, '어려움에 처한 이를 도와야 한다'는 의무에 부합하는 행위다. 하지만 아직은 A의 행동이 도덕적으로 가치 있는 것이라고 말할 수 없다. 그의 행동이 비록 의무에 부합하는 것이지만, 단지 그런 행동을 했다고 해서 '의무로부터의 행위'를 했다고 말할 수는 없기 때문이다. A가 아무런 경향성 없이 의무이기 때문에 B를 도운 경우에만 그의 행동은 도덕적 가치를 갖는다. 결국 외적으로 드러난 A의 행동만으로는 그 행위의 도덕적 가치를 평가할 수 없다.

그렇다면 이번에는 A가 그런 행동을 하게 된 마음속 과정을 따져 보자. A는 평소에 누군가에게 도움이 되는 행동을 해야 한다는 준칙, 즉 자신의 행동 원리를 갖고 있었다. 그런데 곤경에 처한 B를 발견한 A는 B를 도왔다. 여기서 B를 도운 행동은 A의 준칙, 즉 누군가에게 도움이 되는 행위를 해야 한다는 그의 행동 원리에서 나온 것이다. 따라서 타인의 곤경을 도운 A의 행위는 어려움에 처한 이를 도와야 한다는 의무에 맞는 행위이면서 동시에 그의 행동 원리에 따른 행위이기도 하다. 이 경우 A의 행동은 도덕적 가치를 가질까? 그의 행동이 도덕적 가치를 가진다면 그것은 무엇 때문일까?

만일 A의 행동이 도덕적 가치를 갖는다면, 앞서 따져 보았듯이 그가 의무에 부합하는 행동을 했기 때문은 아니다. 칸트의 주장에 따르면, A의 행동은 그가 의무이기 때문에 그 행위를 했을 때 도덕적 가치를 갖는다. 그리고 그 행동이 도덕적 가치를 갖는 근거는 그 행위를 결정하는 원리, 즉 '행동의 원리'에 있다. 그렇다면 A의 행동이 도덕적 가치를 갖는 이유는 A가 자신의 준칙에 근거해서, 즉 자기 행동의 원리에 따라 행동했기 때문일 것이다. 결국 행위의 주체인 A가 행동을 결정하게 된 원리, 즉 주관의 원리 때문에 그의 행동은 도덕적 가치를 갖는다.

그러면 다음과 같은 추론이 가능하다. A의 행동이 도덕적 가치를 갖는 이유는 A가 그 행동을 결정하게 된 '행위의 원리' 때문이다. 그리고 이때 A에게 '행동의 원리'는 '누군가에게 도움이 되는 행위를 해야 한다'는 '원리'였다. 따라서 A의 행동이 갖는 도덕적 가치는 그가 가진 행동의 원리, 즉 '누군가에게 도움이 되는 행위를 해야 한다'는 원리에 있다. 만약 A가 가진 행동의 원리가 '타인을 돕는 것보다 나에게 도움이 되는 행동을 하는 것'이었다면, 그로부터 나오는 행동은 도덕적 가치를 갖지 못할 것이다.

하지만 이런 추론은 칸트의 생각과 전혀 맞지 않는다. 의무로부터의 행위가 갖는 도덕적 가치가 '행동의 원리'에 있다는 말은 그 원리가 갖는 내용 때문이 아니다. 그렇기에 칸트는 도덕적 가치를 갖는 이 행동의 원리를 '의욕의 원리' 혹은 '의지의 원리'라고 부르며, 이 원리는 내용을 갖는 '질료적 원리'가 아니라 아무 내용 없는 '형식적 원리'라고 말한다. 따라서 A의 행동이 도덕적 가치를 갖는 이유는 그의 행동을 결정한 '의지의 질료적 원리', 즉 '누군가에게 도움이 되는 행위를 해야 한다'는 원리의 내용 때문이 아니라, 그 행동을 결정한 '의지의 형식적 원리' 때문이다.

여기서 이제 우리는 의문이 생긴다. 아무 내용 없는 '의지의 형식적 원리'는 도대체 무엇인가? '원리'가 아무 내용을 갖지 않는다면, 이로부터 어떻게 구체적 행동이 생겨날 수 있을까? 다시 말해, 이 내용 없는 원리가 어떻게 우리 행동을 결정할 수 있을까? 우리의 이런 의문을 예상한 듯, 칸트는 '의무로부터의 행위'가 어떻게 생겨나는지, 그리고 이때 우리 의지는 어떻게 결정되는지 말한다.[4]

칸트의 논리는 이렇다. 행위는 의지의 결과다. 이때 의지를 규정해서 행동을 결정하는 두 가지 원리가 있다. 하나는 형식적 원리이고 다른 하나는 질료적 원리다. 이 둘은 의지의 원리라는 점에서, 즉 의지를 규정하여 행위를 결정하는 원리라는 점에서는 차이가 없다. 하지만 형식적 원리는 '선험적a priori'이고 질료적 원리는 '후험적a posteriori'이라는 점에서 근본적 차이가 있다.

'선험적'은 경험에 앞서거나 무관하여 경험에서 독립적이라는 뜻이다. 따라서 선험적 원리는 경험에 바탕을 두지 않은 원리를 말한다. 반면 '후험적' 원리는 이와 달리 경험에 의존하는 원리다. 그런데 의무로부터의 행위는 그 행위가 가져올 결과를 전혀 고려하지 않는 행위다. 따라서 의무로부터의 행위는 경험에 의거하여 판단하거나 고려할 필요도 없고, 그렇게 해서도 안 되는 행위다. 그렇다면 이 행위를 결정하는 의지의 원리는 질료적 원리여서는 안 된다. 그런데 우리의 의지는 형식적 원리와 질료적 원리 중 하나로 결정된다. 따라서 의무로부터의 행위는 형식적 원리에 의해 결정되어야 한다.

지금까지의 칸트 설명에 따르면 '의무로부터의 행위'가 도덕적 가치를 갖는 이유는 그것이 '의지의 형식적 원리'에 의해 결정되기 때문이다. 그리고 이는 '의지의 형식적 원리'가 비록 내용을 갖지 않음에도 우리 행동을 결정할 수 있음을 알려 준다. 그렇다면 '의지의 형식적 원리'는 도대체 무엇이고, 그것은 어떻게 우리 행동을 결정할 수 있을까? 다음 텍스트를 보자.

> “**의무는 법칙에 대한 존경에서 비롯된 행위의 필연성이다.** 내가 의도한 행위의 결과로서의 대상에 대해서는, 나는 그 대상이 순전히 의지의 결과이지 의지의 활동이 아니라는 바로 그 이유 때문에 **경향성**을 가질 수는 있지만 **결코 존경을 가질 수는 없다.**”(『도덕형이상학 정초』 IV400)

칸트는 여기서 의무에 대한 정의를 시도한다. “의무는 법칙에 대한 존경에서 비롯된 행위의 필연성이다.” 이 말의 뜻을 풀어 보자. 의무는 무엇인가? 의무는 행위의 필연성이다. 즉 의무는 필연적 행위, 말하자면 반드시 일어나야 하는 행동이다. 그런데 필연적 행위로서의 의무는 어떻게 생겨나는가? 달리 말해 왜 이 행위를 반드시 해야 하는가? 그것은 법칙에 대한 존경Achtung 때문이다. 그러니까 의무는 법칙에 대한 존경 때문에 반드시 하는 행위를 말한다.

그렇다면 이것은 의무의 정의라기보다는 기원에 관한 것이다. 즉, 우리에게 의무는 어떻게 생겨나는가? 다시 말해 “우리는 왜 어떤 행동을 반드시 해야 하는 것으로 받아들이는가?”에 관한 것이다. 이 질문에 칸트는 ‘법칙에 대한 존경’ 때문이라고 답한다. 그런데 아무래도 이 답은 상식에 어긋나 보인다. 상식적으로 의무는 외부에서 주어지는 것이 아닌가? 우리에게 의무는 어떻게 생기는가? 규율이든 법이든, 아니면 강요든 협박이든, 거부할 수 없는 외적 이유가 있을 때 우리는 이를 의무라고 말한다. 그런데 칸트는 전혀 다른 이야기를 한다. 의무는 법칙에 대한 존경에서 생긴다고.

'법칙에 대한 존경'에서 어떻게 의무가 생겨날 수 있을까? 의무는 행위의 필연성, 다시 말해 반드시 해야 하는 필연적 행위다. 그런데 이 세상에 필연적 행위가 존재할 수 있을까? 어떤 경우에도 예외 없이 반드시 해야 하는 행위가 말이다. 이런 행위는 잘 떠오르지 않을 것이다. 그렇다면 잠시 영역을 바꾸어 보자. 자연에 존재하는 사물들을 생각해 보라. 이들은 예외 없이 모두 자연의 법칙 아래 있다. 그렇기에 중력을 거스르거나 운동의 법칙에서 벗어날 수 없다. 따라서 이들 자연 사물의 변화나 운동은 필연적이다. 이를 사람의 행위에 비유하면 이들은 일종의 필연적 행위를 하는 셈이다.

그런데 이 필연적 행위는 어떻게 생기는가? 바로 법칙 때문이다. 자연에는 자연의 법칙이 있고, 자연 사물은 예외 없이 필연적으로 이 법칙을 따른다. 그래서 사물의 입장에서 필연적 행위는 반드시 해야 하는 의무다. 그렇다면 사물에게 이렇게 물으면 어떨까? "너에게 의무는 무엇이냐? 반드시 필연적으로 해야 하는 행위는 무엇이냐?" 그러면 아마 이렇게 답할 것이다. "자연의 법칙이 있고, 나는 이 법칙을 반드시 따라야 한다."라고. 그러면 다시 물어 보자. "그런데 왜 그 법칙을 반드시 따라야 하는가?" 아마도 자연은 이에 대해서는 답하지 못할 것이다. 자연은 그 이유를 모르기 때문이다.

만약 같은 상황을 인간에게 적용하면 어떨까? 인간이라면 아마 답을 찾으려 할 것이다. 칸트는 그중 가능한 하나의 답을 제시한다.

인간이 반드시 해야 하는, 즉 필연적으로 해야 하는 행동이 있다면, 그것은 마치 자연법칙을 따르는 사물처럼 기계적으로 이루어지는 행위일 것이다. 그러니까 그것은 반드시 법칙을 따르는 행위여야 한다. 그래야 그 행위를 필연적 행위라 할 수 있기 때문이다.

왜 법칙을 반드시 따라야 하는가? 칸트는 우리가 법칙을 존경하기 때문이라고 답한다. 인간은 자연 사물처럼 아무 의식 없이 이유도 모른 채 기계적으로 법칙을 따르는 존재가 아니며, 이유를 알고 스스로 의미를 부여하여 자발적으로 법칙을 따른다. 그 이유는 역시 법칙에 대한 존경이다. 행위가 필연적으로 이루어지는 것은 그것이 법칙을 따르는 것이기 때문이다. 그런데 그 법칙을 따르는 것은 다른 이유가 있는 것이 아니라 그것이 법칙이기 때문에, 달리 말해 그것을 법칙으로 인정하는 '법칙에 대한 존경' 때문이다. 칸트가 말하는 의무는 이렇게 생겨나고 그렇기 때문에 여기에 '존경'이라는 개념이 필요한 것이다.

'존경'이라는 개념을 사용하여 의무를 새롭게 정의한 칸트는 이어서 법칙만이 '존경'의 대상인 이유를 설명한다.[5] 하나의 상황을 가정해 보자. 우리가 의지를 발휘하여 어떤 행위를 했고 이에 따라 어떤 결과나 대상이 생겼다고 하자. 예컨대 A는 죽어 가는 사람을 살리려고 인공호흡을 했고, 그 사람은 살아났다. 인공호흡을 한 A의 행위는 의지를 발휘한 행위이고 죽어 가던 사람이 살아난 것은 그 행위의 결과다. 이때 A가 이 결과나 대상에 대한 경향성을 가지고 있어 자연스럽게 그의 의지가 이 행동을 결정했다고 하자. 즉 A는 죽어 가는 사람을 살리려는 성향을 가지고 있었다고 하자. 그렇다면 이 행위의 결과를 만들어 낸 것은 A의 경향성이지 결과에 대한 존경 때문이 아니다. 즉 죽어 가는 사람을 살린 결과에 대한 존경 때문이 아니다. 그렇기에 칸트는 우리가 어떤 행위의 결과나 대상에 대해 경향성을 가질 수는 있지만 존경을 가질 수는 없다고 말한다.

그렇다면 우리에게 이런 결과를 만들어 내려는 경향성은 존경의 대상이 될 수 있을까? 말하자면 '죽어 가는 사람을 살리려는 성향'은 존경의 대상이 될 수 있을까? 이 역시 존경의 대상이 될 수 없다. 마치 죽어 가는 사람이 살아난 결과가 존경의 대상일 수 없듯이 말이다. 오히려 우리가 경향성에 반하는 의지에 따라 결정하는 것, 그것이 존경의 대상이 될 수 있다. 우리의 경향성은 나에게 이익이 되는 것을 원하고 그것을 의지에게 결정하길 요구함에도 이를 완전히 배제하고 어떤 결정을 했다면, 나를 위해서가 아니라 그 자체로 올바른 것을 위해 결정했다면, 이는 존경의 대상이 될 수 있다. 죽어 가는 사람을 살리려는 성향은 없어도, 인공호흡을 하는 행위로 시간과 에너지가 소비되어 손해가 생긴다 해도, '죽어 가는 사람을 살려야 한다'는 법칙으로 인한 행동은 존경의 대상이 될 수 있다. 나의 경향성과 무관하게 그 자체로 선한 것, 그러니까 법칙[6]을 따르는 것만이 존경의 대상이 되어야 한다. 그렇기에 존경의 대상은 법칙 그 자체이고, 법칙에 대한 존경이 있어야 경향성을 쫓지 않고 법칙을 따라야 한다는 명령이 성립하는 것이다.

이제 칸트가 말하고자 하는 바는 분명해 보인다. 만약 우리가 법칙에 대한 존경만으로 행동할 수 있다면, 그때는 아무런 내용 없는 원리가 우리 행위를 결정한다고 말할 수 있다. 마치 자연 사물이 맹목적으로 자연법칙을 따르듯이, 우리의 행동이 법칙에 대한 존경으로 아무런 다른 이유없이 이 법칙을 따른다면, 우리 행위를 결정한 것은 그 행위를 통해 달성하려는 결과나 외적 대상도 아니고, 우리의 행동을 결정한 법칙의 내용도 아니기 때문이다.

하지만 여전히 우리의 의문은 남아 있다. '의지의 형식적 원리'는 무엇이고 도덕적 가치는 왜 여기에 있는가? 또한 아무런 내용도 없는 법칙이 어떻게 우리 행동을 결정할 수 있을까? 앞서 A의 사례에서도 '죽어 가는 사람을 살려야 한다'는 법칙의 내용이 그의 행동을 결정한 것이 아닌가? 우리가 내용 없는 법칙을 따른다는 것은 어떤 의미일까? 칸트는 '행위의 합법칙성Gesetzmäßigkeit der Handlung'이라는 새로운 개념을 도입해 '의지의 원리'를 설명한다. 그렇다면 '행위의 합법칙성'은 무엇이고 이것은 어떻게 의지의 원리로 작용하는가? 이에 대한 칸트의 이야기를 들어 보자.

> "의지를 단적으로 그리고 아무 제한 없이 선하다 말하기 위해서는, 그로부터 기대되는 결과를 고려하지 않고도 법칙의 표상이 의지를 규정해야 하는데, 도대체 어떤 종류의 법칙이 그럴 수 있을까? 나는

어떤 법칙을 준수할 때 의지에 생길 수 있는 모든 충동을 의지에서 박탈했기 때문에, 오로지 행위의 보편적 합법칙성 일반만이 남고, 이것만이 의지의 원리로 사용되어야 한다. 다시 말해, 나는 **나의 준칙이 보편적 법칙이 되어야 할 것을 내가 의욕할 수 있도록** 오로지 그렇게만 행동해야 한다는 것이다. 그런데 여기서 (어떤 행위들을 규정하는 모종의 법칙에 기초하지 않는) 순전한 합법칙성 일반이 의지의 원리로 사용되는 것이며, 의무가 공허한 망상이나 괴물 같은 개념이 아니기 위해서도 의지의 원리로 사용되어야 하는 것이다."(『도덕형이상학 정초』 IV402)

칸트의 설명은 이렇다. '의무로부터의 행위'만이 도덕적 가치를 갖는다. 그리고 의무는 법칙에 대한 존경에서 비롯되는 필연적 행위다. 법칙을 법칙으로 인식하고 하는 행위, 즉 법칙의 표상에 근거해 필연적으로 행동하는 것이 의무다. 그렇다면 도덕적 가치는 법칙에 대한 존경 때문에 법칙을 따르는 필연적 행위에서 생겨난다. 그런데 법칙의 표상이 의지를 규정할 때 이 의지로부터 나온 행위의 결과를 얻기 위한 선택을 하면 어떨까? 이런 경우는 비록 법칙의 표상에 따른 의지의 행위라 하더라도 아무런 도덕적 가치가 없을 것이다. 이런 의지는 단적으로 선한 의지가 아니기 때문이다.

그렇다면 어떤 법칙에 대한 존경이, 그러니까 어떤 법칙을 표상하고 이를 따르는 것이 도덕적 가치가 있는가? 그것은 어떤 종류의 법칙이어야 할까? 법칙을 따를 때 생겨날 수 있는 결과적 요소를 의지에서 다 배제해야 한다면 어떤 법칙이 남는가? 바로 법칙을 반드시 따라야 한다는 법칙만이 남는다. 이것을 칸트는 '행위의 합법칙성'이라 부른다. 즉 우리의 행위가 반드시 법칙을 따르기 때문에 법칙에 부합한다는 것이다. 따라서 우리의 의지는 법칙에 대한 존경으로 반드시 행위하는 것, 즉 법칙에 부합하는 행위를 하는 것을 자신의 원리로 삼아야 한다. 그래야만 우리의 의지는 진정한 도덕적 가치를 갖는 선한 의지가 되며, 비로소 의무라는 개념도 진정한 내용과 모습을 가질 수 있다. 결국 '의지의 원리', 즉 의지의 형식적 원리는 '행위의 합법칙성'을 의미하는 것이다.

이제 처음의 의문으로 돌아가자. 우리는 칸트의 의무론에 물었다. 왜 '의무로부터의 행위'만이 도덕적인가? 왜 연민이나 동정심에서 한 행위는 도덕적 가치가 없는가? 의무에 맞는 행위를 했음에도 기쁨이나 보람이 개입되면 아무런 도덕적 가치가 없는가? 그저 기계처럼 의무에 복종하는 것만이 도덕적인가?

지금까지 우리가 살펴본 칸트의 설명에 이에 대한 직접적 답은 없다. 그럼에도 칸트가 자신의 의무론으로 말하려는 바는 분명해 보인다. 칸트는 도덕적 선의 근거를 우리 바깥의 세계에서 찾지 않는다. 의무로부터 나온 행위의 도덕적 가치가 그로 인해 생겨난 결과에 있지 않다는 것이 이를 잘 말해 준다. 인간이 만들어 낸 행위의 결과에 따라 선이 결정된다면, 그것은 불완전할 수밖에 없다. 누군가는 공익을 위한 것을 의도할지 몰라도 다른 누군가는 자신과 소수만을 위한 세상을 만들 수 있기 때문이다.

칸트는 같은 이유로 선의 근거도 우리 안에서 찾지 않는다. 도덕적 선이 인간이 가진 동정심과 연민으로 결정된다면 역시 불완전할 수밖에 없다. 우리의 의지가 인간의 본성이나 경향성으로 결정된다면 그것은 맹목적이고 때론 편파적이어서 올바른 판단에 이르지 못할 수 있다. 우리의 행위가 우리 본성이 아닌 객관적 원리로 결정될 수 있을 때만이 이런 문제에서 벗어날 수 있다.

이런 이유로 칸트의 의무론은 형식주의의 길을 간다. 칸트에게 불완전한 인간이 완전한 도덕적 선을 행할 가능성은 이것밖에 없기 때문이다. 그렇다고 칸트가 원한 것이 기쁨도 보람도 없는 의무의 자동기계는 아니었다. 그렇기에 칸트도 이성의 관심Interesse을 언급하면서 도덕적 행위에 따르는 기쁨과 보람을 인정한다. 기쁨과 보람을 위해 한 것은 아니지만 도덕적 행동에는 기쁨과 보람이 따른다는 것이다.[7]

칸트의 의무론은 우리의 도덕적 행위에서 기쁨과 보람을 빼앗는 잔인한 윤리학이 결코 아니다. 오히려 그는 누구나 도덕적 선을 행할 수 있는 보편적 가능성을 원했다. 그렇기에 그의 윤리학은 '의지의 형식적 원리'와 '행위의 보편적 합법칙성'을 말한다. 그리고 이것은 '보편적 법칙 수립 가능성'을 의미한다. 다시 말해 언제 어디서나 누구에게도 적용되는 법칙을 수립할 수 있어야 한다는 원리를 말한다.

> "그러므로 나의 의욕함이 도덕적으로 선하기 위해 내가 무엇을 해야 할지 상세히 말해 줄 그 어떤 통찰도 나에게는 전혀 필요치 않다. 세상 돌아가는 일에 경험이 없고, 거기서 일어나는 모든 사건에 대처할 능력이 없어도, 단지 나는 나에게 물으면 된다. '너의 준칙이 보편적 법칙이 되기를 너 역시도 원할 수 있는가?'라고. 만약 그럴 수 없다면, 그 준칙은 버려야 할 것이다. 이는 이 준칙으로 인해 너나 다른 사람에게 생겨날 손해 때문이 아니라, 그것이 가능한 보편적 법칙 수립에서 원리로 적합하지 않기 때문이다. [...]"(『도덕형이상학 정초』 IV403)

이제 우리는 선한 행위를 하기 위해 다른 것을 필요로 하지 않는다. 무엇이 선인지를 알려 주는 세상의 지식도, 본성을 선하게 하기 위한 자기 수양도 더 이상 필요 없다. 우리는 단지 보편적 법칙 수립의 가능성을 자문하면 된다. "내 행동의 원리인 준칙이 보편적 법칙이 될 것을 나는 원할 수 있는가?" 이 질문에서 그 행위가 '의무로부터의 행위'인지 다른 영리함에 근거한 것인지 알 수 있고, 도덕적 가치는 결국 이 '보편적 법칙 수립 가능성'에서 성립하기 때문이다.

도덕의 최상의 원리를 찾고 확립하려는 칸트의 시도는 1절Erster Abschnitt[8]에서 이렇게 끝난다. 도덕적 가치는 '행위의 합법칙성'인 '의지의 형식적 원리'에 있고, 그것은 결국 '준칙의 보편적 법칙 수립 가능성'이다. 여기서 우리는 칸트 윤리학의 핵심인 '정언명령'의 원형을 희미하게나마 볼 수 있다. 이로써 칸트는 윤리적 형식주의의 길로 들어선 것이다. 그의 윤리학을 대표하는 '정언명령'의 본격적 탐구는 2절Zweiter Abschnitt에서 만나게 될 것이다.

1 Friedrich Nietzsche, *Der Antichrist, Nietzsche Werke: Kritische Gesamtausgabe*, Abt. VI, Bd. 3, Berlin: Walter de Gruyter, 1969, Abschnitt 11.

2 이번 강의에서 다룰 텍스트는 IV399-403까지다.

3 『도덕형이상학 정초』 IV399: "자기 자신의 행복을 확보하는 것은 (적어도 간접적으로는) 의무다. [...] 예컨대 한 통풍 환자는 자신에게 맛있는 것을 즐기고, 그리고 받을 수 있는 고통을 받는 것을 선택할 수 있다. 왜냐하면 그는 자신의 계산에 따라 건강에 행복이 깃들어 있을 거라는 어쩌면 근거 없는 기대로 지금 눈앞의 기쁨을 희생할 수 없었기 때문이다. 그러나 이 경우에도 행복을 향한 보편적 경향성이 자신의 의지를 규정하지 않았다면, 즉 만약 그에게는 적어도 건강이 이 계산에서 그렇게 필수적이지 않았다면, 여기서도 다른 모든 경우와 마찬가지로 하나의 법칙만 남는다. 즉 경향성에서가 아니라 의무에서 자신의 행복을 촉진한다는 것이다. 거기에서 비로소 그의 행동은 본래의 도덕적 가치를 갖는다."

4 칸트가 '준칙'이라는 단어를 사용할 때는 일상적 의미를 넘어서는 그만의 용법이 있다. 이에 따르면 준칙은 '의욕의 주관적 원리'다. 즉 주관의 차원에서 내가 따라야 할 행위의 원리다. 이 말은 객관적 차원에서 따라야 할 행위의 원리도 있다는 말이다. 이를 칸트는 '법칙' 또는 '실천법칙'이라 부른다. 이들 의미의 차이는 정언명령의 내용에서 본격적으로 드러난다.

5 『도덕형이상학 정초』 IV400: "그러니까 의지는 자신의 선험적 원리와 후험적 동기 사이에, 즉 형식적 원리와 질료적 원리 사이 한가운데, 말하자면 하나의 갈림길에 서 있는 것이다. 그런데 의지는 어떻게든 무언가에 의해 결정되어야만 하고, 만약 하나의 행위가 의무로부터 일어난다면, 의지에서 모든 질료적 원리가 제거된 것이기에, 의지는 의욕의 형식적 원리 일반에 의해 결정되어야만 한다."

6 『도덕형이상학 정초』 IV400: "마찬가지로 나는, 나의 경향성이든 다른 이의 경향성이든 간에 경향성 일반에 대해서도 존경을 가질 수는 없다. 기껏해야 나의 경향성을 시인하거나 때로 다른 이의 경향성을 좋아할 수는 있겠지만, 다시 말해 이들 경향성을 나 자신의 이익에 유리한 것으로 여길 수는 있겠지만 말이다. 결과로서가 아니라 순전히 근거로서 나의 의지와 결합되어 있는 것만이, 그리고 나의 경향성에 봉사하는 것이 아니라 그것을 압도하는 것, 그러니까 적어도 선택의 계산에서 이 경향성을 전적으로 배제하는 것만이, 따라서 순전한 법칙 그 자체만이 존경의 대상일 수 있고, 이로써 명령이 될 수 있다."

7 물론 칸트가 여기서 말하는 '법칙'은 '도덕법칙'을 염두에 둔 것이다. 이어 등장하는 '명령' 역시 도덕적 명령인 '정언명령'을 의미한다.

8 칸트는 인간이 도덕법칙에 관해 관심을 가질 수 있는 토대를 도덕감정이라고 부른다. 그러나 칸트에게서 이런 감정은 도덕적 행위의 원인이 아니라 결과일 뿐이다. 이에 관해서는 『도덕형이상학 정초』 IV459-463을 참조하라.

9 『도덕형이상학 정초』는 머리말(Vorrede)과 세 개의 절(Abschnitt)로 이루어져 있다. 칸트는 머리말에서 이 세 개의 절이 어떻게 구성되어 있는지 알려 준다. 칸트에 따르면 앞의 두 절은 사람들이 갖는 보통의 인식에서 출발하여 그것이 근거하고 있는 최상의 원리를 찾아가는 방식으로, 세 번째 절은 거꾸로 이 원리의 원천에서 시작해 이 원리가 사용되는 보통의 인식에 이르는 방식으로 서술했다. 앞의 방식을 칸트는 '분석적'이라고 부르고, 뒤의 방식을 '종합적' 방식이라 부른다. "1절: 평범한 도덕적 이성인식에서 철학적 이성인식으로 이행", "2절: 대중적 도덕철학에서 도덕형이상학으로 이행", "3절: 도덕형이상학에서 순수 실천이성비판으로 이행"은 이러한 체계에 따른 것이다. 여기서 1절과 2절은 일종의 기초와 심화의 관계로 이해할 수 있다. 1절에서 평범한 이성인식에서 도덕성의 최상의 원칙을 탐색해 갔다면 2절에서는 도덕철학의 영역에서 도덕성의 최상의 원리를 탐구한다.

A

그렇지 않습니다. 자신이 한 행동에 기쁨이나 보람을 느낀다고 도덕적 가치가 없는 것은 아닙니다. 칸트가 말하고자 했던 것은 자신의 성향이나 좋아하는 것만으로 한 행동이 도덕적 가치가 없다는 것입니다. 즉 진정한 도덕적 가치는 자신의 본성과 무관하게 의무이기 때문에 하는 행동에 있다는 것입니다. 의무이기 때문에 한 행동에 대해서도 우리는 기쁨이나 보람을 느낄 수 있습니다. 칸트도 이 점을 부인하지는 않습니다. 다만 도덕적 가치가 있는 행동에는 기쁨과 보람이 결과적으로 따라올 수는 있지만, 그것이 도덕적 가치를 갖는 이유가 될 수는 없다는 것입니다.

5강

추측해 본 칸트 윤리학의 기원

칸트는 왜 동기주의의 길을 갔을까?

Q

선한 의도로 한 행동이라면 결과와 상관없이 도덕적으로 선하다고 주장하는 이론을 윤리적 동기주의라고 한다면, 칸트 윤리학도 동기주의라고 말할 수 있나요? 그렇다면 시한폭탄을 설치한 것으로 의심되는 사람에게 고문을 가하는 것은 도덕적으로 정당화될 수 있나요? 고문을 가한 행동이 수만 명을 살리기 위한 선한 의도에서 행해졌다면, 칸트 윤리학에서 그것은 도덕적으로 가치가 있는 것일까요?

역사의 진행 과정 속에 기록의 틈을 메우려 추측을 집어넣는 일은 충분히 허용된다. 왜냐하면 먼 원인으로서 선행하는 사건과 결과로서 뒤따르는 사건은 이들의 이행을 파악하기 위한 중간 원인을 발견하는 데 매우 확실한 실마리를 제공할 수 있기 때문이다.

-「추측해 본 인류 역사의 기원」 VIII109

「추측해 본 인류 역사의 기원Mutmaßlicher Anfang der Menschengeschichte」은 1786년 칸트가 발표한 짧은 논문이다. 창세기 2장에서 6장까지의 실낙원 사건을 다루는 이 글은 헤르더Johann Gottfried Herder의 역사관을 비판한 글로 알려져 있다. 성서의 사건을 철학적으로 해석한 이 글에서 칸트는 인류 역사의 기원을 재구성하기 위해 상상력을 발휘한다. 여기에는 칸트의 천재성과 철학적 통찰이 고스란히 담겨 있다. 비록 추측일지라도 합리적 이유에 근거한 철학적 추론의 완벽한 사례다. 언젠가 이 흥미로운 내용을 다룰 기회가 있길 바라지만 지금은 아니다. 지금은 상상력을 발휘한 이 추측의 방법이 우리에게 필요한 때다.

"의무로부터의 행위만이 도덕적이다." 지금까지 살펴본 칸트 윤리학의 확고한 전제다. 그렇다면 의무로부터의 행위는 왜 도덕적인가? 4강에서 우리가 다룬 물음이었다. 우리가 원한 명시적 답은 아니었지만, 칸트는 '의무로부터의 행위'가 갖는 도덕적 가치의 이유를 설명했다. 그것은 행위의 결과 때문이 아니라, 그 행위가 결정되는 '의지의 원리' 때문이다. 그리고 '의지의 원리'는 행위가 법칙에 부합해야 한다는 '행위의 합법칙성'을 말한다. 또한 의무는 '법칙에 대한 존경'에서 비롯된 필연적 행위이기에, 우리의 행위가 법칙을 따라야 하는 이유 역시 법칙에 대한 존경에 기인한다. 결국 '법칙에 대한 존경'이 '행위의 합법칙성'의 근거인 셈이다.

그런데 이러한 칸트의 설명을 듣고 나면 새로운 궁금증이 생긴다. 첫째로, 칸트는 왜 동기주의의 길을 갔을까? 동기주의가 비난받을 도덕적 이론이라면, 칸트는 왜 비난의 위험을 감수하려는 것일까? 둘째로, 법칙에 대한 존경에서 어떻게 의무가 생길 수 있을까? 칸트는 도덕적 의무를 설명하면서 왜 법칙에 대한 존경을 말할까? 이제 이 질문에 적절한 답을 찾기 위해 상상력을 발휘해 보려 한다. 그것은 이런 생각이 나온 배경을 유추함으로써 칸트 윤리학의 기원을 찾으려는 것이다. 인류 역사의 기원을 추정하기 위해 1786년의 칸트가 그러했듯이 말이다.

첫째 물음에서 시작해 보자. 칸트는 왜 동기주의의 길을 갔을까? 동기주의란 도덕적 선은 행위의 결과에 있지 않고 행위자의 의도나 동기에 있다는 도덕 이론이다. 동기주의는 여러 이유에서 비판의 대상이 되지만, 무엇보다 도덕적 가치 판단에서 의도와 동기만 고려할 뿐 그 행위로 나타난 결과를 고려하지 않는다는 점이 가장 큰 이유다. 아무리 결과가 나빠도 의도만 좋았다면 그 행위가 도덕적으로 옳다는 것은 우리의 상식에 잘 맞지 않는다. 많은 이에게 해를 끼친 행위가 좋은 의도로 이루어졌다는 것만으로 정당화된다면 그것은 현실에서 많은 문제를 야기할 수 있다.

그렇다면 이런 문제가 있음에도 칸트는 왜 동기주의를 택했을까? 칸트는 왜 이토록 불합리해 보이는 주장을 한 것일까? 그런데 사실은 이 질문에 앞서 따져 봐야 할 것이 하나 있다. 칸트 윤리학을 동기주의라고 비난하는 것이 과연 정당한가? 다시 말해, 칸트의 윤리학이 여기서 비난의 대상이 되는 동기주의에 해당하느냐는 점이다.

도덕적 선은 행위의 결과에 있지 않고 행위자의 의도나 동기에 있다는 이론을 동기주의라고 한다면 칸트 윤리학은 이런 의미의 동기주의는 아니다. 먼저 행위의 결과에는 아무런 도덕적 가치도 없다는 것이 칸트의 일관된 입장이다. 그러나 그렇다고 칸트가 행위의 의도나 동기에 도덕적 가치가 있다고 말하는 것도 아니다. 이 점은 앞서 4강에서 보았던 텍스트에서 분명히 확인할 수 있다.[1]

동기주의의 관점에서 말하는 '동기'나 '의도'는 무엇일까? 그것은 아직 행위의 결과는 생기지 않았어도 생겨날 결과를 염두에 둔 구체적 행위의 동기나 의도를 뜻한다. 즉 구체적인 내용이 있는 것을 말한다. 따라서 이러한 동기나 의도가 의지의 원리로 작용한다면 이것은 의지의 '질료적 원리'이지 칸트가 말하는 '형식적 원리'가 될 수는 없다. 따라서 칸트가 도덕적 가치를 부여하는 '의지의 형식적 원리'는 동기주의에서 말하는 '동기'나 '의도'와는 무관하다. 이런 의미에서 칸트 윤리학을 동기주의라고 비난하는 것은 정당하지 않다.

그렇다면 왜 칸트의 이론은 동기주의라는 오해와 비난을 받는 걸까? 칸트의 일부 표현은 이런 오해를 가능하게 한다. 다음은 '선의지'를 다룬 2강에서 보았던 텍스트에 이어지는 부분이다.

> "선의지는 그것이 생기게 한 것이나 성취한 것으로 인해 선한 것이 아니고, 또 어떤 정한 목적 달성에 유용함으로 인해 선한 것이 아니다. 그것은 오로지 그 의욕함으로 인해, 다시 말해 그 자체로 선한 것이다. [...] 비록 특별히 혹독한 운명이나, 계모와 같은 자연의 인색한 지원으로 인해 자기의 의도를 관철시킬 능력을 선의지가 전혀 갖고 있지 못하더라도, 그래서 이 의지의 최대의 노력에도 불구하고 그것에 의해 아무것도 이루어 내지 못하고 오로지 선의지만이 (물론 하나의 단순한 소망이 아니라, 우리의 힘이 미치는 한에서 모든 수단을 강구해 보는 것으로서) 남는다 하더라도, 선의지는 그 자체만으로도 자신 안에 온전한 가치를 가진 어떤 것으로 보석처럼 빛날 것이다."(『도덕형이상학 정초』 IV394)

여기서 칸트의 메시지는 명백하다. 선의지의 도덕적 가치는 행위의 결과에 있지 않고 의욕함 자체, 즉 선의지 자체에 있다는 점이다. 그러나 문제는 이어지는 설명이다. 혹독한 운명을 가진 선의지의 사례는 그것이 갖는 도덕적 가치가 마치 처음 가졌던 의도나 동기에 있는 것으로 읽힌다. 선한 의지만 있다면, 다시 말해 선한 의도를 가지기만 했다면, 설사 그 의도를 실현하지 못하더라도 그것은 도덕적 가치를 갖는다는 것이다. 이러한 윤리적 입장이라면 충분히 동기주의라고 부를 만하다.

하지만 이것은 칸트의 윤리학이 아니다. 정확하게는 반은 맞고 반은 틀렸다. 도덕적 가치가 결과에 있지 않다는 점은 맞지만, 그렇다고 선한 의도나 동기에 도덕적 가치가 있다는 것은 틀렸다. 동기주의에서 말하는 '선한 의도'나 '선한 동기'는 칸트가 말하는 그 자체로 선한 '선의지'가 아니기 때문이다. 그 자체로 선한 선의지는 행위의 동기나 의도와는 무관한 구체적 내용이 없는 형식일 따름이다. 그것은 앞서 4강에서 보았던 '의지의 형식적 원리'이고 '행위의 합법칙성'이며 이후에 등장하는 '정언명령'에 해당하는 것이다.

그렇다면 다시 처음 문제로 돌아가자. 칸트는 왜 동기주의로 보이는 길을 택한 것일까? 진정한 동기주의가 아님에도 그렇게 보일 수 있는 애매한 입장을 취한 이유는 무엇일까? 이제 상상력을 발휘해 추측을 해보려 한다. 칸트가 이런 윤리학을 기획하게 된 숨은 동기가 무엇인지를. 이렇게 추측해 본 칸트 윤리학이 우리의 질문에 해답을 줄지도 모른다. 어쩌면 둘째 질문, 법칙에 대한 존경에서 어떻게 의무가 생길 수 있는지, 칸트는 여기서 왜 법칙에 대한 존경을 말하고 있는지의 답도 함께 말이다.

추측이 필요한 기록의 첫 빈자리는 칸트의 유년 시절이다. 알려진 대로 칸트는 1724년 쾨니히스베르크Königsberg에서 태어났다. 아버지 요한Johann Georg Kant은 마구馬具 장인이었고, 어머니 안나Anna Regina, geb. Reuter는 평범한 주부였다. 특별한 것 없어 보이는 두 사람이지만 노년의 칸트는 이들의 영향을 이렇게 회고한다.

> "정직하시고 도덕적으로 예의 바르시며 도덕적 법규를 마치 법과 같이 생각하고 생활하신 노동자 집안 사람으로서 나의 부모님은 아무런 재산도 (역시 마찬가지로 어떠한 빚도) 남기지 않았고, 단지 가정교육만을 철저히 시켰습니다. 특히 도덕적인 면을 강조하셨는데, 그 교육은 어떠한 것보다 좋은 방법이었고, 내가 살아가면서 늘 기억할 때마다 감사하는 마음에 항상 황송할 뿐입니다."[2]

여기에는 칸트 윤리학에 끼쳤을 영향이 무엇인지 잘 드러난다. 그것은 부모들이 모범으로 보여 준 정직하고 도덕적인 삶이다. 그러나 주목해야 할 점은 따로 있다. 그것은 당시 유행했던 경건주의 운동이다. 부모님의 올바른 삶의 태도와 모범적 가르침은 경건주의적 삶의 전형이었다. 칸트 역시 여러 기회에 부모님의 삶을 지배했던 경건주의에 관해 말하곤 했다. 명확한 기록은 없지만 경건주의가 유년의 칸트에게 끼쳤을 영향은 충분히 추측할 수 있다.

두 번째 추측의 자리는 프리데리치아눔Fridericianum에서 보낸 8년(1732-1740년)이다. 경건주의의 영향이 가장 컸을 것으로 추정되는 시기다. 오늘날 김나지움에 해당하는 이곳에서 칸트는 청소년기를 보냈다. 당시 '경건주의자들의 합숙소Pietisten-Herberge'라고 불렸던 프리데리치아눔에서의 교육은 칸트가 경건주의와 직접적으로 대면하는 계기가 되었다.[3] 경건주의의 영향에는 칸트가 이곳에서 공부할 수 있도록 도운 슐츠Franz Albert Schultz의 역할도 빼놓을 수 없다. 당시 프리데리치아눔의 교장을 맡고 있던 그는 대표적 경건주의자였기 때문이다.[4]

이제 추측의 실마리는 밝혀졌다. 그것은 바로 경건주의다. 그렇다면 경건주의는 무엇이고, 칸트 윤리학과는 어떤 관계일까? 경건주의Pietismus는 17-18세기 독일 개신교에서 일어난 일련의 신앙 운동이다. 흔히 프로테스탄트라 부르는 개신교는 루터의 종교개혁(1517년)으로 시작되었다. 가톨릭 교회의 부패에 맞서 개인의 신앙과 성서 해석을 강조했던 루터교가 원래 정신을 점차 잃어 가자 경건주의라는 새로운 개혁운동이 생겼다. 경건주의는 성서에 기반한 교리 연구와 경건한 생활의 실천을 강조했다. 추측건대 생애 가장 중요한 시기인 청소년기에 칸트는 바로 이 경건주의에 사로잡혔던 것이다.

반복된 학습의 힘은 의외로 크다. 당시 칸트가 무수히 접했을 종교적 교육은 그에게 적지 않은 흔적을 남겼다. 칸트의 윤리학도 여기서 시작된다고 추측한다. "sola fide!(오직 믿음으로!)" 종교개혁 당시 루터의 핵심 주장이자 경건주의가 회복하려던 성서의 근본정신이다.

그것은 바로 '오직 믿음으로 의롭게 된다'는 '이신칭의以信稱義'의 사상이다. 루터의 종교적 깨달음도, 어쩌면 칸트 윤리학의 기원도 이 '이신칭의'의 교리에 그 뿌리를 두고 있을지도 모른다.

"그러므로 율법의 행위로 그의 앞에 의롭다 하심을 얻을 육체가 없나니 율법으로는 죄를 깨달음이니라. 이제는 율법 외에 하나님의 한 의가 나타났으니 율법과 선지자들에게 증거를 받은 것이라. 곧 예수 그리스도를 믿음으로 말미암아 모든 믿는 자에게 미치는 하나님의 의니 차별이 없느니라. 모든 사람이 죄를 범하였으며 하나님의 영광에 이르지 못하더니. 그리스도 예수 안에 있는 속량으로 말미암아 하나님의 은혜로 값없이 의롭다 하심을 얻은 자 되었느니라. [...] 그런즉 자랑할 데가 어디냐 있을 수가 없느니라 무슨 법으로냐 행위로냐 아니라 오직 믿음의 법으로니라. 그러므로 사람이 의롭다 하심을 얻는 것은 율법의 행위에 있지 않고 믿음으로 되는 줄 우리가 인정하노라."(로마서 3장 20-24절, 27-28절)

루터가 깨달음을 얻었던 성경 구절이다. 행위로는 의롭게 될 수 없다. 그렇기에 구원은 율법의 행위나 종교적 선행이 아닌 오직 믿음을 통해서만 얻을 수 있다는 내용이다. 개신교의 핵심 교리인 이 구절을 칸트 윤리학의 관점에서 다시 읽어 보라. 구원의 조건을 의미하는 종교적 '의義'를 도덕적 '선善'으로 바꾸어 읽어 보면 칸트 윤리학이 보일 것이다. 행위를 통해서는 도덕적 선에 이를 수 없다. 도덕적 가치는 행위의 결과에 있는 것이 아니기 때문이다.

그렇다면 무엇이 우리를 선에 이르게 할 수 있을까? 그것은 여기 제시된 구원의 방법과 별반 다르지 않다. 무엇이 사람을 구원에 이르게 할 수 있을까? 그것은 하나님의 은혜로 값없이 주어진다. 사람이 할 수 있는 것은 단지 그 사실을 믿는 것이다. 한마디로 '믿음'으로 구원에 이른다. 믿음의 내용을 행동으로 옮겨 실천하건 하지 않건 상관없다. 믿음이란 게 무엇인가? 아무런 실체가 없다. 단지 마음의 상태일 뿐이다. 대상에 대한 구체적 앎이나 행위의 결과도 필요치 않다. 그렇기에 세상의 어떤 법도 행위도 아닌 오직 '믿음의 법'을 통해서만 구원에 이를 수 있다. 칸트에 있어서 도덕적 선에 이르는 것도 이와 마찬가지다. '의무로부터의 행위'가 '믿음'을 대신하고 있을 뿐이다. 구원에 이르는 '믿음의 법'은 칸트의 윤리학에서 행위의 결과도 동기도 고려하지 않는 '의지의 형식적 원리'이며 '행위의 합법칙성'이다.

칸트 윤리학은 왜 동기주의의 길을 갔을까? 우리 물음의 출발점이었다. 추측해 본 칸트 윤리학의 기원이 그 답을 제공해 준다. 칸트 윤리학에는 '이신칭의'로 대표되는 경건주의의 흔적이 강하게 남았기 때문이다. 경건주의는 제도화된 교회의 부패를 버리고 성서의 근본 정신으로 돌아가자는 운동이었다. 그 시대 유대교의 타락을 꾸짖고 하나님의 뜻을 바로 세우려 했던 예수의 가르침 그 자체로 말이다.

예수는 당시 종교 지도자였던 바리새인과 서기관들의 위선을 강하게 비판한다.[5] 이들이 율법의 정신은 버리고 종교적 행위만 자랑했기 때문이다. 칸트가 의무로부터의 행위에서 도덕적 선을 찾은 이유가 무엇일까? 어쩌면 그가 자신의 윤리적 이론을 예수의 가르침과 동일시했기 때문인지도 모른다. 율법만을 따르는 종교적 행위는 의무에 맞는 행위일지 모르나 율법의 참된 정신에서 비롯된 의무로부터의 행위는 아니다. 행동의 동인이 단순히 율법을 지키는 데 있고, 이를 통해 자신들의 경건을 드러내려는 데 있었기 때문이다. 그렇기에 예수는 말한다. "외식하는 자들아 이사야가 너희에 관하여 잘 예언하였도다 일렀으되. 이 백성이 입술로는 나를 공경하되 마음은 내게서 멀도다."(마태복음 15장 7-8절) 예수의 이런 가르침이 칸트적 동기주의의 기원일지도 모른다.

이렇게 추측해 본 칸트 윤리학의 기원은 이제 우리의 둘째 질문에도 답을 준다. 법칙에 대한 존경에서 어떻게 의무가 생길 수 있을까? 칸트는 여기서 왜 법칙에 대한 존경을 말하고 있을까? 이 역시 예수의 가르침에 그 답이 있다. 당시 종교적 선행에 열심이었던 이들이 그 행위를 반드시 해야 할 이유가 무엇이었을까? 다시 말해 그들에게 그 행위는 왜 의무로 다가왔을까? 그것이 신의 명령이었기에, 단지 신의 명령에 대한 복종과 존경의 마음에서 행한 것은 아니었다. 그 행위로 자신의 종교적 선을 드러내 다른 사람들에게 인정받을 수 있고, 이로써 구원을 얻을 수 있다고 생각했기 때문이었다. 이 점이 바로 예수가 이들을 비난한 이유였다.

그렇다면 율법을 행해야 할 이유는 하나다. 율법이 신의 명령이기 때문이지, 율법을 행하는 것이 가져다줄 결과 때문이 아니다. 율법을 행함으로써 선하게 되거나 구원을 받기 위해서가 아니라, 그 행위를 하는 것 자체가 선이기 때문이다. 율법이 신으로부터 주어졌다는 사실이 그것을 신성하게 만들고, 율법에 대한 경외심이 율법을 따라야 할 유일한 이유가 되어야 한다.

칸트가 말하는 도덕적 의무도 마찬가지다. 우리는 왜 도덕적 행위를 해야 하는가? 그것이 가져다줄 결과가 선하기 때문일까? 그건 아니다. 그 행위를 명령하는 도덕법칙에 대한 존경 때문에, 그래서 그 행위를 하려는 마음 자체가 선이기 때문이다.

이렇게 생각하면 2강에서는 의아해 보였던 칸트의 주장, 즉 "선의지가 선한 이유는 그 의지가 선하기 때문이다."라는 말도 이제는 이해할 수 있다. 선의지가 선한 이유는 그것이 만들어 내는 결과 때문이 아니라, 그것이 선한 기원을 갖기 때문이다. 율법이 선한 이유가 신이 명령했기 때문이라면, 의지가 선한 이유는 이성이 명령했기 때문이다. 의지가 선한 이유에 다른 이유는 필요 없다. 그것이 가져다줄 결과도, 의도하는 동기도 중요치 않다. 신의 명령이 선한 이유가 신이 선하기 때문이듯, 선의지가 선한 이유도 그 의지의 기원이 이성이기 때문이다.

이 세상에 진공에서 생겨난 이론은 없다. 모든 학문이 그러하듯 철학도 다르지 않아 이전 철학에서 자유로운 이론은 없다. 칸트 철학에도 앞선 이들의 영향은 여기저기 남아 있다. 그렇기에 칸트 윤리학에도 그가 비판했던 이성주의 윤리학과 경험주의 윤리학 모두가 담겨 있다.[6] 이런 점에서 칸트 윤리학의 기원은 세상의 모든 윤리학이다. 구체적 이론과 텍스트 분석을 통해 이들 중 무엇이 전승이고 무엇이 차이인지 밝히는 일은 순전히 학자들의 몫이다. 우리는 단지 추측하고 상상했을 뿐이다. 이렇게 추측해 본 또 다른 기원으로서 경건주의는 칸트 윤리학 곳곳에 흔적을 남기고 있으며, 이해를 위한 중요한 실마리를 제공한다. 우리는 앞으로 다룰 몇몇 주제에서도 경건주의가 남긴 흔적을 확인하게 될 것이다.

---

1 『도덕형이상학 정초』 IV399-400: "의무로부터의 행위가 갖는 도덕적 가치는 그 행위를 통해 달성해야 할 의도에 있지 않고, 오히려 그 행위를 결정할 때 따르게 되는 준칙에 있다. 그러므로 의무로부터의 행위는 대상의 실재성에 의존해 있지 않고, 순전히 욕구능력의 모든 대상과 무관하게 행위를 일어나게 하는 의욕의 원리에 의존해 있다. 우리가 행위함에서 가질 수 있는 의도들, 그리고 의지의 목적과 동인으로서의 그 결과들은 무조건적이며 도덕적인 가치를 행위에 부여할 수 없음은 앞선 설명으로 명백하다."

2 카를 포르랜더, 『칸트의 생애와 사상』, 서정욱 옮김, 서광사, 2001, 20쪽.

3 프리데리치아눔의 교육이 철저한 경건주의 정신에 기반했다는 것은 이미 잘 알려져 있다. 이곳에서는 기독교 신학뿐 아니라 종교적 생활방식에 대한 교육도 함께 이루어졌다. 이에 관한 자세한 이야기는 『칸트의 생애와 사상』 23-34쪽 참조.

4 칸트의 가족과 가까이 지내며 개인적 도움을 주기도 했던 슐츠는 유명한 신학자이자 교육행정가였다. 볼프주의자이자 경건주의자로 알려진 그는 당시 쾨니히스베르크의 정신적 발전을 책임질 사람으로 인정받고 있었고 칸트에게도 많은 영향을 주었다(앞의 책, 23-24쪽).

5 마태복음 23장 23-28절: "화 있을진저 외식하는 서기관들과 바리새인들이여 너희가 박하와 회향과 근채의 십일조는 드리되 율법의 더 중한 바 정의와 긍휼과 믿음은 버렸도다. 그러나 이것도 행하고 저것도 버리지 말아야 할지니라. 맹인 된 인도자여 하루살이는 걸러 내고 낙타는 삼키는도다. 화 있을진저 외식하는 서기관들과 바리새인들이여 잔과 대접의 겉은 깨끗이 하되 그 안에는 탐욕과 방탕으로 가득하게 하는도다. 눈 먼 바리새인이여 너는 먼저 안을 깨끗이 하라. 그리하면 겉도 깨끗하리라. 화 있을진저 외식하는 서기관들과 바리새인들이여 회칠한 무덤 같으니 겉으로는 아름답게 보이나 그 안에는 죽은 사람의 뼈와 모든 더러운 것이 가득하도다. 이와 같이 너희도 겉으로는 사람에게 옳게 보이되 안으로는 외식과 불법이 가득하도다."

6 칸트 윤리학에는 그가 스스로 비판한 이론의 흔적이 많이 남아 있다. 대표적으로 볼프(Christian Wolff)의 완전성의 윤리학과 허치슨(Francis Hutcheson)의 도덕감의 윤리학을 들 수 있다. 칸트는 이들 이론을 공통적으로 '타율의 원리'에 근거한 윤리학이라 부르고, 전자를 '이성의 원리'에 후자를 '감정의 원리'에 근거한 이론으로 분류하며 이들의 문제점을 지적한다. '타율의 원리'에 근거한 윤리적 이론들에 대한 상세한 분류와 비판은 2절(Zweiter Abschnitt)의 말미에 등장하는 "타율이라는 근본개념을 용인함으로 생겨날 수 있는 모든 윤리성의 원리를 구분함"(IV441-445)을 참고하면 된다.

A

칸트 윤리학에서 보면, 한 사람을 고문하는 것은 설령 그것이 여러 사람을 살리기 위한 것이라고 해도 도덕적으로 정당화될 수 없습니다. 그것은 한 사람을 목적이 아닌 수단으로 대하는 것이고 이는 칸트가 말하는 정언명령에 어긋납니다. 또한 칸트 윤리학은 의도가 선하다면 그것을 실현하기 위한 수단이나 결과는 무엇이어도 상관없다고 주장하는 이론이 아닙니다.

그럼에도 칸트의 윤리학은 동기주의로 오해될 수 있습니다. 칸트는 도덕적 선의 근거를 행위의 결과가 아닌, 그것을 결의하는 선의지에서 찾기 때문입니다. 하지만 이것은 절대적 가치를 갖는 선의지를 강조하기 위한 것이고, 형식주의 윤리학을 설명하기 위한 불가피한 선택일지 모릅니다. 이런 점에서 칸트 윤리학을 동기주의라고 부르는 것은 적절하지 않습니다.

6강

‘정언명령’, 아름다운 도덕의 공식公式

칸트는 왜 형식주의로 갔을까?

Q-1

정언명령이 수학의 공식과 같다면, 칸트 윤리학은 어떤 구체적 행위가 도덕적 선인지에 관해서는 아무런 답을 주지 않나요? 만약 그렇다면 도덕적 실천과 관련하여 이러한 도덕 이론이 현실 세계에서 어떤 도움을 줄 수 있을까요?

Q-2

법칙을 따르는 것과 법칙의 표상을 따르는 것은 다른 건가요?

그러므로 정언명령은 오직 단 하나로, 그것은 다음과 같다.
너의 준칙이 동시에 보편적 법칙이 될 것을 원할 수 있는
그런 준칙에 따라서만 행위하라.

-『도덕형이상학 정초』IV421

오래전 보았던 영화가 있다. 〈뷰티풀 마인드A Beautiful Mind〉, 2002년 아카데미에 빛나는 작품이다.[1] 영화도 좋은 평을 받았지만, 배경이 된 주인공의 삶이 더 큰 주목을 받았던 영화다. 실존 인물인 천재 수학자 존 내시John Nash는 노벨 경제학상을 수상한 뛰어난 학술적 업적에도 평생 정신 분열로 고통받으며 기구한 삶을 살았다. 영화가 끝나고 문득 의문이 들었다. 여기서 말하는 '아름다운 정신A Beautiful Mind'은 무엇일까? 영화는 왜 주인공의 굴곡진 삶을 '아름답다'고 했을까? "슬픈 삶도 아름다울 수 있다. 기구한 운명에 맞선 그의 불굴의 정신이야말로 진정한 아름다움이다. 그렇다. 정신 분열이라는 그 혼탁한 정신으로 이뤄 낸 학문적 성취마저 아름다운 정신의 승리다." 이런 생각을 떠올리고 의문은 곧 사라졌다. 그리고 처음으로 수학이 아름다울 수 있다고 생각했다.

그런데 애초에 수학은 아름다움을 추구한 학문이었다. 오래전 피타고라스 학파는 만물이 '수數'라고 생각했다. 존재하는 모든 것은 물질이 아니라 비례와 질서를 의미하는 '수'라는 뜻이다. 우주의 질서도 만물의 원리도 모두 이 '수'가 만들어 낸 결과일 뿐이다. 이들이 생각한 존재의 참된 모습은 우주의 장엄한 질서와 조화로운 음악의 화성처럼 아름다운 질서였다. 존재의 본질을 찾기 위해 이들이 수학과 음악을 탐구한 이유다.

참된 존재의 모습을 '질료matter'가 아닌 '형식form'에서 찾는 철학은 이렇게 시작되었다. 플라톤의 '이데아idea', 아리스토텔레스의 '형상eidos', 스콜라 철학의 오랜 경구인 'forma dat esse rei(존재에 본질을 부여하는 것은 형식이다)', 이들은 모두 형식의 중요성을 말하고 있다. 존재의 진짜 모습은 바로 형식에서 자신을 드러내기 때문이다. 피타고라스가 시작한 음악적 조화와 수학적 질서의 탐구가 철학적 형식의 탐구로 이어졌다. 이렇게 보면 '형식'의 본질과 기원은 아름다움일지도 모르겠다.

이번 6강에서 우리는 칸트의 '정언명령Kategorischer Imperativ'을 만난다. 정언명령은 칸트 윤리학의 핵심이자 동시에 비판의 결정적 근거이기도 하다. 만약 형식주의가 비판받을 도덕 이론이라면, 정언명령이야말로 형식주의의 결정체이기 때문에 그렇다. 그렇다면 윤리적 형식주의는 정말 비판받을 이론일까? 형식주의라는 이유로 칸트 윤리학을 비판하는 것은 정당할까?

이번 강의는 이런 의문에서 출발한다. 형식의 정수라 할 수 있는 이 도덕적 명령이 사실은 아름다운 도덕의 공식이라는 것이 이번 강의의 핵심 메시지다. 수학이 아름다울 수 있다면 윤리적 형식주의도 이와 다르지 않기 때문이다. 어쩌면 이것이 형식주의라는 비판에 맞서는 칸트의 논리일지도 모른다. 이번 강의에서는 이렇게 칸트의 입장에 서보려 한다.

앞서 4강에서 언급했듯 정언명령에 대한 본격적 논의는 2절 Zweiter Abschnitt에 등장한다.[2] 우리에게 알려진 정언명령은 2절이 시작되고 꽤 긴 논의를 거친 후 처음 자신의 모습을 드러낸다.

> "그러므로 정언명령은 오직 단 하나로, 그것은 다음과 같다. **너의 준칙이 동시에 보편적 법칙이 될 것을 원할 수 있는 그런 준칙에 따라서만 행위하라.**"(『도덕형이상학 정초』 IV421)

칸트 윤리학을 대변하는 정언명령이다. 이 문장을 구체적으로 다루기 전에 우리가 진행할 논의 과정을 밝히는 것이 좋겠다. 앞서 언급했듯 이번 6강의 목표는 이 유명한 명제가 아름다운 도덕의 공식임을 밝히는 것이다. 이 말은 추상적이어서 누군가는 의아할 수도 있다. 따라서 이 메시지가 의미하는 바를 간략히 소개하고 이들을 자세히 설명할 것이다. 정언명령의 의미와 여기에 이르게 된 칸트의 논리는 이 과정에서 자연히 드러날 것이다.

정언명령이 아름다운 도덕의 공식이라는 메시지는 구체적으로 세 가지 의미를 담고 있다. 첫째, 우리가 흔히 '정언명령'이라 부르는 것은 수학의 '공식公式'과 같은 것이다. 수학에서 공식은 어떤 변수 값이 주어지면 해를 구할 수 있게 해준다. 마찬가지로 칸트의 정언명령도 여기에 대입하면 무엇이 도덕적 의무인지 답을 제공해 주는 일종의 도덕 공식이다. 둘째, 정언명령이 일종의 공식이기에 칸트는 여기서 수학의 공식을 유도하듯 정언명령이라는 식을 유도하려고 한다. 셋째, 정언명령이라는 하나의 공식은 세 개의 다른 변형된 공식으로도 유도된다. 이는 마치 이차방정식의 해를 구하는 '근의 공식'이 변형된 '짝수 근의 공식'을 갖는 것과 같다.

이제 이 각각의 의미를 칸트 텍스트를 통해 확인해 보자. 첫째, 정언명령이 수학의 공식과 같다는 것은 무슨 말일까? 칸트는 먼저 '정언명령'의 등장을 준비한다. 그것은 '정언명령'을 이루고 있는 두 단어를 설명하는 일이다. 첫째는 '명령'이라는 개념을 설명하는 것이고, 둘째는 '정언적'이라는 개념과 관련된 것이다. 결국 이를 통해 도덕 명령이 왜 정언적 명령이어야 하는지가 밝혀진다. 이에 관한 칸트의 설명을 간략히 재구성하면 다음과 같다.[3]

'자연 사물'과 '이성적 존재'를 비교해 보자. 자연 사물, 즉 자연에 존재하는 사물들은 맹목적으로 자연법칙을 따른다. 즉 객관적 법칙이 있으면 그저 그 법칙에 따라 생겨나거나 변화한다. 한마디로 스스로 변화나 운동을 결정할 수 있는 능력인 '의지'가 없다. 하지만 이성적 존재는 다르다. 이성적 존재에게는 자신의 행위를 결정할 수 있는 '의지'가 있다.

그런데 이성적 존재가 가진 이 '의지'를 작동시키는 원인에는 두 가지가 있다. 하나는 본능처럼 우리가 경향성이라 부르는 것이다. 의지를 작동시키는 다른 하나의 원인은 이성이다. 의지가 경향성의 영향으로 행위를 결정한다는 것은 본성에 따른 맹목적 행위를 하는 것과 같다. 반면에 이성이 의지를 작동시키는 경우 이성적 존재도 자연 사물과 마찬가지로 법칙에 따른 행위를 할 수 있게 된다. 이성은 의지가 법칙을 따르는 행위를 할 수 있게 해주기에, 이성적 존재는 법칙에 따라 행위할 수 있는 능력을 갖는다. 다만 이성적 존재는 법칙이 있기에 맹목적으로 따르는 것이 아니라, 법칙의 표상에 따라서, 즉 법칙을 인식하고 행위하는 능력을 가지고 있다. 이처럼 법칙의 표상에 따른 행위를 이끌어 내기 위해 이성이 요구된다.

그런데 이성적 존재에는 신과 같이 완전한 선의지를 가진 존재도 있지만, 우리 인간과 같이 불완전한 의지를 가진 존재도 있다. 인간의 의지는 이성이 홀로 결정하지 못한다. 이성이 요구하는 객관적 법칙이 있더라도 이를 방해하고 따르지 않으려는 주관의 경향성이 의지에 영향을 미칠 수 있기 때문이다. 그렇기에 객관적으로는 반드시 해야 하는 행위의 필연성이 주관적으로는 우연적인 것이 될 수 있다.

반면에 완전한 신의 의지는 경향성에서 독립해 이성이 홀로 행위를 이끌어 낸다. 여기서는 객관적으로 필연적인 것이 주관적으로도 필연적이다. 신의 원함은 그 자체가 반드시 해야 하는 법칙과 일치하기 때문이다. 따라서 객관적 법칙과 주관적 원함의 불일치는 인간의 의지에서만 생긴다. 그리고 이런 의지에게 객관적 법칙에 맞게 반드시 행위하게 하는 것은 일종의 '강요'이며, '명령'은 바로 여기서 생겨난다. 결국 명령은 불완전한 인간 의지와 이성의 객관적 법칙의 관계에서 생겨나는 것이다.

여기까지가 '명령'에 대한 칸트의 설명이다. 그런데 여기에는 정언명령의 정체성을 알려 주는 중요한 단서가 숨어 있다. 칸트는 이렇게 말한다.

> "객관적인 원리의 표상은, 그것이 의지에 대해 강요적인 한에서, (이성의) 지시명령이라 일컬으며, 이 지시명령의 정식을 일컬어 **명령**이라 한다Die Vorstellung eines objektiven Prinzips, sofern es für einen Willen nötigend ist, heißt ein Gebot (der Vernunft) und die Formel des Gebots heißt **Imperativ**."(『도덕형이상학 정초』 IV413)

이 인용문은 국내의 한 번역본을 그대로 옮긴 것이다.[4] 독일어 원문을 병기한 이유는 여기에는 번역어와 관련해 해석이 필요한 단어가 등장하기 때문이다. 'Gebot'와 'Imperativ', 그리고 'Formel'이 여기에 해당한다. 먼저 'Gebot'와 'Imperativ' 이 둘은 일상적으로는 모두 '명령'이라는 뜻을, 그리고 'Formel'은 정식定式이라는 뜻을 가진 독일어다. 그런데 이 텍스트에서 이들을 이렇게 옮기면 마지막 문장이 문제가 된다. 즉 "명령의 정식이 명령이다."라는 이상한 표현이 되기 때문이다.[5] 따라서 이 경우 원문의 의미에 맞게 각 단어가 지닌 다른 뜻을 고려해야 한다.

번역된 텍스트의 의미는 이렇다. '객관적 원리의 표상Die Vorstellung eines objektiven Prinzips'이 '의지를 강요하는 경우에sofern es für einen Willen nötigend ist' 이를 '이성의 지시명령Gebot der Vernunft'이라 부르고, 이 '지시명령의 정식Formel des Gebots'을 '명령Imperativ'이라고 부른다. 이 말을 풀어 보면, "우리의 의지를 강요하는 객관적 원리가 우리의 생각 속에 있다는 것은 이성이 우리에게 지시명령하는 것이며, 이 지시명령을 식으로 표현하면 그것은 명령이다."라는 뜻이다.

그렇다면 이 맥락을 고려한 적절한 번역어는 무엇일까? 여러 번 언급했듯 칸트 윤리학에는 기독교의 원리가 숨어 있다. 여기서도 그런 흔적을 볼 수 있다. 원래 'Gebot'는 '명령'이라는 뜻과 함께 '신의 명령', 즉 '계명'이라는 말로 흔히 쓰인다. 만약 이성이 우리에게 어떤 원리에 따라 행위하라고 우리 의지에게 강요한다면 그것은 일종의 '계명'과 같은 역할을 하는 것이다. 즉 그것은 신의 명령을 대신하는 '이성의 명령Gebot der Vernunft'인 것이다. 또한 기독교의 '십계명'처럼 신의 명령을 식Formel에 담아 정식화할 수 있듯이, 이성의 명령 역시 이런 식으로 표현할 수 있다는 것이다. 원래 'Formel'은 화학식이나 수학의 공식과 같이 정형화된 표현을 의미하기 때문이다. 마지막으로 여기서 명령으로 옮긴 'Imperativ'이다. 이 단어는 문법의 '명령법' 즉 '명령형'을 의미한다.

따라서 이들 번역어의 뜻을 고려한 해석은 이렇다. "우리가 객관적 원리에 따라 행위하도록 우리 의지를 강요하는 것이 있다면 그것은 이성의 명령이며, 이 명령을 공식으로 표현하면 그것은 명령형으로 주어진다."라는 뜻이다. 달리 말하면 우리 이성에 의해 주어지는 도덕적 명령은 우리 의지를 강요하며, 따라서 이 명령을 공식으로 표현하면 명령법의 형태로 주어진다.[6] 이로써 우리 메시지의 첫째 의미, 즉 '정언명령은 수학의 공식과 같다'는 말은 일정 부분 해명되었다.

이제 우리 메시지의 둘째 의미, 즉 칸트가 수학의 공식을 유도하듯 정언명령이라는 식의 유도를 시도한 것을 다룰 차례다. 정언명령의 유도는 정언명령이 등장하는 바로 앞의 두 문단에서 이루어진다. 이 유도 과정을 이해하기 위해 칸트의 앞선 논의를 다시 좇아가 보자. 앞서 칸트는 정언명령의 등장을 위한 준비의 첫 단계로 '명령'이라는 개념을 설명했다. 다음 단계는 '정언적'이라는 개념이다. 칸트는 이렇게 설명한다.[7]

우리 의지를 강요하는 이성의 명령 방식은 둘 중 하나다. '가언적으로hypothetisch' 명령하거나 '정언적으로kategorisch' 명령한다. 가언적 명령은 그 행위를 반드시 해야 하는 이유가 무언가를 얻기 위한 수단인 경우에 주어지는 명령이다. 따라서 가언명령은 '만일 네가 무언가를 얻기 원한다면 반드시 이렇게 행위하라'는 형태로 주어진다. 반면에 정언적 명령은 그 행위를 해야 하는 이유가 다른 목적과 무관하게 그 자체로 반드시 해야 할 때에 주어진다. 따라서 정언명령은 '반드시 이렇게 행위하라'는 형태로 주어진다. 그렇다면 도덕적 명령은 이 중 어떤 형태의 명령일까?

> "그런데 행위가 순전히 **다른 무언가를 위한** 수단으로서 선하다면, 그 명령은 **가언적**이다. 반면에 행위가 **그 자체로** 선한 것으로 여겨진다면, 그래서 그 자체가 이성에 적합한 의지에서 필연적인 것으로, 즉 의지의 원리로 여겨진다면, 그 명령은 **정언적**이다."(『도덕형이상학 정초』 IV414)

칸트는 정언적으로 주어지는 명령만이 진정한 도덕적 명령이 될 수 있다고 말한다. 가언적 명령은 그 행위가 무언가 다른 것을 위한 수단으로서만 가치를 갖는다. 따라서 그 행위의 선함은 특정 목적을 실현하는 데에서만 가치를 갖는다는 점에서 제한적이다. 도덕적 선은 이런 제한된 조건 아래서만 타당한 선이 아니다. 그것은 아무 제한 없이 무조건적 선이어야 한다. 따라서 그 자체로 선한 행위를 명령하는 정언적 명령만이 도덕적 명령이 될 수 있다.

'명령'이라는 개념과 '정언적'에 대한 설명을 통해 '정언명령'만이 진정한 도덕적 명령이 될 수 있음을 말한 칸트는 이제 새로운 문제를 논의하기 시작한다.[8] 어떻게 이 모든 명령이 가능한가에 관한 물음이 그것이다. 다시 말해 이 명령들이 지시하는 행위를 우리가 반드시 해야 하는 필연성이 어디 있느냐는 것이다. 이 물음에 대한 칸트의 답은 다음과 같다.

먼저 가언명령의 경우는 그 행위의 필연성을 설명하는 것이 어렵지 않다. 왜냐하면 목적이 주어지면 그것을 위한 수단의 선택은 반드시 따라 나오기 때문이다. 즉 '만일 네가 무엇을 의욕한다면, 이렇게 행위하라'는 가언명령의 형태에서 전건이 결정되면 후건의 행위는 필연적으로 결정되기 때문이다. 예컨대 '만일 살을 빼고 싶다면 야식을 먹지 마라'는 가언명령에서 '야식을 먹지 않는 행위'는 '살을 빼기를 원하는 경우' 반드시 해야 하는 행위가 된다. 따라서 가언명령에서 명령이 어떻게 가능한지를 이해하는 것은 어렵지 않다.

하지만 정언명령의 경우는 사정이 다르다. 이 명령은 가언적 명령처럼 전제에 기대어 행위의 필연성을 요구할 수 없다. '반드시 이렇게 행위하라'는 형태의 정언적 명령은 그 행위를 반드시 해야 하는 이유가 그 명령 속에 들어 있지 않기 때문이다. 예컨대 '거짓말하지 마라'는 명령은 아무런 조건 없이 주어진다. 그렇기에 여기에는 우리가 이 명령에 따라 행위를 반드시 해야 하는 이유가 들어 있지 않다. 따라서 그 행위가 반드시 해야 하는 명령으로 성립하는 이유를 설명하는 일, 즉 어떻게 정언명령이 가능한가의 물음에 답하는 일이 어려운 것이다. 그럼에도 이 질문에 답하는 일은 도덕형이상학의 중요한 과제다. 이는 경험적 탐구로 해결할 수 없고 선험적으로 연구해야 할 문제이기 때문이다. 본격적인 정언명령의 유도에 앞선 준비는 여기까지다.

잠시 지금까지의 논의를 정리해 보자. 우리는 지금 메시지의 둘째 의미와 관련하여 정언명령이라는 공식의 유도에 관해 이야기하고 있다. 앞서 정언명령은 수학의 공식과 같다는 첫째 의미를 다루었고, 정언명령의 식을 유도하기 직전까지의 칸트 논의를 정리했다. 이제 정언명령이라는 도덕 공식을 유도하는 과정을 살펴볼 것이다.

칸트는 본격적인 유도 과정에 앞서 갑작스러운 논의의 변경을 시도한다.[9] 자신이 중요한 과제라 말했던, 정언명령이 어떻게 가능한가를 설명하는 일은 뒤로 미룬 채 새로운 시도를 한다. 바로 정언명령의 공식을 유도하는 일이다. 그리고 여기에는 칸트가 시도하려는 유도 방법도 함께 등장한다. 그것은 정언명령이라는 순전한 개념으로부터 그 공식을 이끌어 내는 것이다. 그 유도 과정이 바로 다음의 내용이다.

> "내가 **가언**명령이라는 것을 생각할 때는, 나에게 조건이 주어질 때까지 그 명령이 무엇을 포함하게 될지 미리 알지 못한다. 그러나 내가 **정언**명령을 생각할 때는 그것이 무엇을 포함하고 있는지 곧바로 안다. 왜냐하면 명령은 법칙과 그 외에는 준칙이 이 법칙에 적합해야 한다는 필연성만 포함하지만, 법칙은 자신을 제한할 아무런 조건도 포

함하고 있지 않기에, 남는 것은 행위의 준칙이 적합해야 할 법칙 일반의 보편성뿐이며, 이런 적합성만이 명령을 실제 필연적인 것으로 제시하기 때문이다."(『도덕형이상학 정초』 IV420-421)

앞서 밝혔듯이 칸트는 개념으로부터 그것의 공식을 찾아내려 한다. 마치 수학에서 삼각형이라는 개념으로부터 삼각함수의 공식을 유도하는 것처럼 말이다. 정언명령이라는 개념을 분석하면 무엇이 나올까? 다시 말해 정언명령이라는 개념은 무슨 내용을 담고 있을까?

칸트는 먼저 가언명령의 예를 든다. 가언명령은 '만일 무엇을 원한다면, 반드시 이렇게 행위하라'는 형태의 명령이다. 이 경우에는 무엇을 원하는지를 결정해야 무엇을 행위할 지를 알 수 있다. 따라서 이 명령이 담고 있는 내용을 알기 위해서는 단순히 '가언명령'이라는 개념을 분석해서 될 일이 아니다. 특정 행위를 반드시 해야 하는 필연성을 알려면 무엇을 원하는지 그 조건을 알아야 한다. 즉 가언명령의 내용을 알려면 경험적 지식이나 정보가 필요한 것이다.

하지만 정언명령의 경우는 다르다. 정언명령은 '반드시 이렇게 행위하라'고 명령한다. 따라서 이 경우는 그 행위를 반드시 해야 하는 필연성이 앞선 전제의 조건에 의존하지 않는다. 정언명령은 아무 조건 없이 반드시 행해야 하는 명령이다. 그렇기에 이 명령의 내용은 특정한 정보나 경험적 지식 없이도 곧바로 알 수 있다. 그렇기에 단지 개념을 분석하는 것으로 그것이 담고 있는 내용을 찾아낼 수 있다.

정언명령이라는 개념이 담고 있는 바는 앞서 칸트가 정언명령을 이루는 두 개념, '명령'과 '정언적'의 의미를 설명하는 과정에서 이미 주어졌다. '명령'은 법칙에 따른 행위, 즉 이성의 지시가 우리 의지를 강요할 때 생겨나는 것이다. 그리고 이 명령이 '정언적으로' 주어진다는 것은, 그 명령이 다른 어떤 목적과 관계없이 그 자체로 필연적인 것, 즉 반드시 행해야 하는 것을 말한다.

따라서 '정언명령'이라는 개념이 담고 있는 내용, 다시 말해 정언명령이 성립하기 위해 포함되어야 할 것들은 다음과 같다. 첫째로 이성이 명령하는 법칙, 둘째로 나의 행위의 원리인 준칙이 이 법칙을 반드시 따라야 한다는 필연성, 셋째로 이 법칙은 자신을 제한할 그 어떤 목적과도 무관해야 하기에 아무런 구체적인 내용을 갖지 않는 것, 즉 준칙이 반드시 따라야 할 법칙의 보편성이다.

이상의 분석을 근거로 칸트는 이어지는 문단에서 정언명령의 내용을 담은 공식을 제시할 수 있게 되었다. 앞서 처음 인용했던 문단이 바로 이 공식에 해당한다.

> "그러므로 정언명령은 오직 단 하나로, 그것은 다음과 같다. **너의 준칙이 동시에 보편적 법칙이 될 것을 원할 수 있는 그런 준칙에 따라서만 행위하라**Der kategorische Imperativ ist also nur ein einziger, und zwar dieser: **handle nur nach derjenigen Maxime, durch die du zugleich wollen kannst, daß sie ein allgemeines Gesetz werde**."(『도덕형이상학 정초』 IV421)

여기서 정언명령의 내용을 담은 공식은 칸트 자신이 굵은 글씨로 표시한 부분이다. 먼저 이 공식을 소개하는 칸트의 앞선 말에 주목해 보자. "그러므로also", 이 논리적 연결사는 정언명령의 공식이 앞 문단의 유도 과정, 즉 개념의 분석에서 도출되었음을 알려 준다. 이어서 이 공식은 오직 하나임을 밝힌다. 그렇다면 이후에 등장하는 세 개의 또 다른 공식들은 바로 이 원형의 변형된 모습이고, 진정한 정언명령의 공식은 바로 이것뿐이라는 뜻이다.

이제 정언명령의 내용을 살펴보자. 원문의 굵은 글씨 첫 단어는 'handle(행위하라)'[10]이다. '정언명령Kategorischer Imperativ'이라는 이름에 맞게 '명령형Imperativ'이다. 그리고 '정언적'이기에 아무런 조건이 없다. 그저 이렇게 행위하라는 것이다. '오로지 이러이러한 준칙에 따라서만 행위하라handle nur nach derjenigen Maxime'는 의미는, 우리가 사적으로 갖는 준칙이 동시에 보편적 법칙이 될 것을 원할 수 있는 그런 준칙에 따라서만 행위하라는 것이다.

예컨대 나는 살을 빼기 위해 '밤 9시 이후에는 음식을 먹지 않는다'는 원칙에 따라 행위할 수 있다. 그렇다면 이 준칙이 보편적 법칙이 될 것을 내가 원할 수 있을까? 나뿐 아니라 모든 이들이 이 행동의 원칙에 따라 행위하는 그런 행위의 보편적 법칙이 될 것을 내가 원할 수 있을까? 만약 성장이 필요한 어린이에게, 혹은 늦은 야근으로 야식이 필요한 이에게 이 준칙을 적용할 수 없다면, 이 준칙은 보편적 법칙이 될 것을 원할 수 없는 것이다. 따라서 정언명령은 우리가 보편적 법칙이 될 것을 동시에 원할 수 있는 그런 준칙에 따라서만 행위하라는 명령이다.

그런데 사실 "너의 준칙이 동시에 보편적 법칙이 될 것을 원할 수 있는 그런 준칙에 따라서만 행위하라."라는 공식에는 아무런 구체적인 내용이 없다. 다시 말해 정언명령은 구체적으로 어떤 행동이 도덕적 선인지를 우리에게 알려 주지 않는다. 단지 도덕적 가치를 갖는 도덕의 명령은 어떤 형태로 주어지는지 그 형식만을 알려 줄 뿐이다. 이는 마치 수학의 함수와 같다. 이차함수 $f(x) = 2x^2 + 3x + 7$ 이 있을 때, 여기에 미지수 x를 대입하면 그에 해당하는 함수 f의 값이 결정된다. 이처럼 정언명령은 특정 행위를 대입하면 그 행위가 도덕적 행위인지 아닌지를 알려 주는 일종의 함수다. 결국 정언명령은 구체적인 내용이 없는 형식일 뿐이며, 이런 이유에서 칸트의 도덕철학은 윤리적 형식주의의 전형을 보여 준다.

이제 길었던 6강을 마무리할 차례다.[11] 이번 강의의 주제는 칸트 윤리학의 핵심인 정언명령이었다. 그런데 여기에는 늘 꼬리표가 붙는다. 그것은 칸트 윤리학은 형식주의라는 비판이다. 윤리적 형식주의는 정말 비판받을 이론일까? 만일 그렇다면 칸트는 왜 윤리적 형식주의로 갔을까? 이런 의문에서 우리는 출발했다. 그리고 우리가 찾은 답은 바로 정언명령에 있다.

그렇다. 정언명령은 구체적인 내용이 없는 형식일 뿐이다. 거기에는 무엇이 선인지, 우리가 무엇을 해야 하는지 알려 주는 아무런 내용도 포함되어 있지 않다. 그러나 도덕적 선이 어디에서 성립하는지 그 최상의 근거가 담겨 있다. 칸트의 과제는 도덕의 최상의 근거를 찾는 것이었는데, 그것은 오직 형식에서 찾을 수 있기 때문이다. 그렇기에 칸트는 경험에서 도덕적 선의 사례를 찾으려는 윤리적 탐구를 비판했다. 도덕적 선의 참된 사례를 현실에서 찾으려는 노력은 실패할 수밖에 없다고 보았다. 그것은 '현실現實'에 있는 것이 아니라 '이상理想'에만 존재하기 때문이다. 그렇기에 칸트는 예수가 복음서에서 직접 한 말을 예로 들며 참된 도덕의 모습은 현실에 없음을 강조한다.[12]

그러나 보이지 않는 '이상'이 보이는 '현실'을 만든다. 완전한 원圓의 개념이 있어야 그에 맞는 현실의 원을 그릴 수 있듯이 말이다. 도덕도 마찬가지다. 아름다운 이상이 현실을 아름답게 할 수 있다. 도덕성의 최상의 근거를 찾는 것, 그 도덕적 이상만이 현실의 도덕적 세계를 가능하게 해준다.

존재의 참모습이 형식에 있다면 진정한 윤리학은 형식에만 담을 수 있다. 이것이 칸트가 생각한 윤리학이며, 그가 윤리적 형식주의의 길을 간 이유다. 우리는 어떻게 도덕적 존재가 될 수 있을까? 칸트가 찾은 답은 바로 여기에 있다. 아름다운 도덕의 공식, 정언명령에.

---

1 2001년 개봉한 론 하워드(Ron Howard) 감독, 러셀 크로우(Russell Crowe) 주연의 영화다. 74회(2002년) 아카데미에서 작품상, 감독상, 여우조연상, 각색상을, 59회(2002년) 골든글로브에서 남우주연상, 여우조연상, 각본상 등 다수의 상을 받았다.

2 2절(Zweiter Abschnitt)은 원문 IV406-445까지다. 앞서 1절(Erster Abschnitt)에서 칸트의 과제는 대중의 일반적 도덕 인식으로부터 그것이 근거하고 있는 최상의 원리를 찾는 것이었다. 이를 통해 칸트는 도덕적 가치가 성립하는 근원이 '의지의 형식적 원리'임을 밝혔다. 그리고 이것은 정언명령의 원시모습이라 할 수 있는 '준칙의 보편적 법칙 수립 가능성'이었다. 2절에서 칸트는 기존의 도덕철학의 차원에서 이들의 최상의 근거가 될 수 있는 것을 찾으려 시도한다. 이 과정은 정언명령이라는 도덕적 공식 유도와 이를 검증하는 것을 중심으로 이루어진다.

3 이 내용은 원문 IV412-414에 해당한다.

4 이마누엘 칸트, 『윤리형이상학 정초』, 백종현 옮김, 아카넷, 2005. 이 책에서 인용한 모든 칸트 원전은 기존 번역본을 사용하지 않고 필자가 직접 옮겼다. 다만 이번 경우처럼 기존 번역과의 비교가 필요한 경우만 출처를 밝히고 사용했다.

5 이런 이유에서 인용한 번역본의 역자는 'Gebot'를 '지시명령', 'Imperativ'를 '명령'으로 구별하여 옮겼다.

6 이런 점에서 '정언명령'을 '정언명령법'으로 옮기는 학자도 있다. 하지만 여기서 우리는 대부분의 독자에게 이미 익숙한 '정언명령'이라는 단어를 그대로 사용할 것이다. 그렇지만 이런 원문의 의미를 이해하는 것은 칸트가 여기서 말하려는 '정언명령'의 뜻을 정확히 파악하는 데 꼭 필요한 일이다.

7 『도덕형이상학 정초』 IV414: "그런데 모든 명령[형]은 가언적으로 명령하거나 정언적으로 명령한다. 가언적 명령[형]은 가능한 행위의 실천적 필연성을 우리가 바라거나 (아니면 바랄 수 있는) 다른 어떤 것을 얻기 위한 수단으로 생각하는 것이다. 정언적 명령[형]은 하나의 행위를 그 자체로, 다른 목적과 관계없이 객관적으로 필연적이라 생각하는 그런 명령[형]일 것이다."

8 이에 앞서 칸트는 가언적 명령을 다시 '숙련의 규칙'과 '영리함의 충고'로 구분하고 정언적 명령만이 도덕적 명령인 도덕법칙이 될 수 있음을 재확인한다. 여기에는 범주표에 근거한 칸트만의 도식적 사고가 잘 드러난다. 이는 이론철학과 실천철학을 하나의 체계에서 통합하려는 시도로 여길 수 있다.

9 『도덕형이상학 정초』 IV420: "[정언명령이 어떻게 가능한가를 설명하는] 이 과제에서 우리가 우선적으로 시도해 보려는 것은, 어쩌면 정언명령이라는 순전한 개념이 이 명령의 공식도 제공할지 모른다는 점이다. 그것만이 정언명령일 수 있는 문장을 담은 정언명령의 공식을 말이다. 왜냐하면 설령 우리가 정언명령의 내용이 어떤지를 안다고 해도, 그런 절대적 명령이 어떻게 가능한지 설명하는 것은 특별히 힘든 노력이 필요하고, 그것은 우리가 마지막 절에 맡긴 일이기 때문이다."([ ]안 내용은 필자)

10 독일어 문법에서 명령형은 동사의 원형을 명령형의 형태로 바꾸고 문장의 맨 앞에 위치시킨다. 'handle'는 'handeln(행동하다)'의 2인칭 명령형이다.

11 지금까지 우리는 6강에서 처음 제시했던 정언명령과 관련된 세 가지 의미 중 두 가지만을 다루었다. 세 개의 변형된 공식에 관한 남은 하나는 이어지는 다음 장들에서 다룰 것이다.

12 『도덕형이상학 정초』 IV408-409: "복음서의 성자조차도, 사람들이 그를 도덕적 완전성으로 여기기보다 먼저 도덕적 완전성이라는 이상과 비교되어야만 했다. 그 또한 자신에 대해 이렇게 말한다. '너희는 (너희가 보고 있는) 나를 선하다 하느냐? (너희가 보지 못하는) 하나님 한 분 외에 선한 이(선의 원형)가 없느니라.'라고."

A-1

맞습니다. 정언명령은 구체적으로 어떤 행동이 도덕적 선이고, 어떤 행동이 도덕적으로 해서 안 되는지에 관해 말하지 않습니다. 다만 그 행동이 도덕적 선인지 아닌지를 판단할 수 있는 방법을 알려 줍니다. 즉 답을 구할 수 있는 공식을 알려 줄 뿐입니다. 이것이 칸트 윤리학을 형식주의라고 부르는 이유이면서, 칸트 윤리학을 비판하는 이유이기도 합니다. 그렇다면 칸트 윤리학은 형식주의이기에 인간의 도덕적 실천에는 아무런 도움을 주지 못할까요? 그렇지는 않습니다. 비록 '거짓말하지 말라'는 구체적 내용은 없어도 누군가는 칸트의 정언명령에 따라 '거짓말하지 않는' 도덕적 행위를 할 수 있습니다. 과학자가 자연의 법칙을 탐구하고 수학자가 수학 공식을 찾아내는 행위가 현실 세계를 변화시키는 데 의미가 있다면, 도덕적 행위의 원리를 탐구하는 칸트의 이론도 실천의 영역에서 분명 의미가 있을 것입니다.

A-2

그렇습니다. 두 가지는 다를 수 있습니다. 칸트는 이성적 존재의 의지가 법칙을 따를 때, 특별히 법칙의 표상을 따른다고 말합니다. 자연 사물도 자연법칙을 따르지만 의지를 가지고 따르는 것은 아닙니다. 따라서 이 경우는 단순히 법칙을 따른다고 할 수 있습니다. 하지만 이성적 존재가 법칙을 따르는 것은 다릅니다. 법칙을 인식하고, 즉 자신이 인식한 법칙의 표상을 가지고 법칙을 따른다는 점에서 차이가 있습니다. 이런 점에서 칸트는 이성적 존재가 법칙을 따르는 경우 법칙의 표상을 따른다고 표현합니다.

7강

칸트 철학의 십자가十字架

'별이 빛나는 하늘'과 '도덕법칙'

Q

칸트에게서 '자유의 법칙' 혹은 '자유의 영역'은 무엇인가요?

쫓아오던 햇빛인데, 지금 교회당 꼭대기 십자가에 걸리었습니다.
첨탑이 저렇게 높은데 어떻게 올라갈 수 있을까요.
종소리도 들려오지 않는데 휘파람이나 불며 서성거리다가,
괴로웠던 사나이, 행복한 예수 그리스도에게처럼 십자가가 허락된다면
모가지를 드리우고 꽃처럼 피어나는 피를
어두워 가는 하늘 밑에 조용히 흘리겠습니다.

- 윤동주, 〈십자가〉

십자가十字架, 잔인한 형틀이다. 예수의 죽음으로 희생의 아이콘이 되었어도 여전히 피할 수 없는 천형天刑의 상징이다. 운명처럼 주어진 십자가, 이 형벌의 삶을 스스로 짊어진 시인의 고백을 우리는 어떻게 이해할 수 있을까? 누구나 지고 가야 할 삶의 십자가는 있는 법. 피할 수 없다면, 그렇다면 즐겨야 하는 걸까?

> "더 자주 그리고 더 오래 숙고하면 할수록, 매번 새롭고 매번 커지는 경탄과 경외로 마음을 채우는 두 가지가 있다. 그것은 **내 위의 별이 빛나는 하늘과 내 안의 도덕법칙**이다."(『실천이성비판』 V161)

가장 널리 알려진 칸트 철학의 경구다. 그의 묘비에 실려 더 유

명해진 이 말은 『실천이성비판』 맺음말의 첫 구절이다. 칸트는 왜 이 구절로 『실천이성비판』을 마치려 했을까? 여기에는 오랜 연구를 마무리하는 노학자의 깊은 소회가 담겨 있다. '별이 빛나는 하늘'과 '도덕법칙'은 칸트가 평생을 바쳐 연구한 대표적 두 대상이다. '경탄'과 '경외', 오랜 숙고와 깨달음으로 도달한 이 감정에는 자신이 이룬 철학적 체계에 대한 자부심도 함께 묻어 있다. 그러나 칸트도 그때는 몰랐을 것이다. 자랑스러운 이 체계가 남겨진 그의 철학이 짊어질 형벌의 십자가인 것을.

칸트 철학이 짊어질 십자가, 이 흥미로운 이야기는 잠시 뒤로 미루자. 앞서 6강에서 우리는 아름다운 도덕의 공식이 갖는 두 가지 의미를 살펴보았다. 이 두 가지는 정언명령이 수학 공식과 같은 일종의 도덕 공식이라는 의미와 수학 공식을 유도하듯 정언명령을 유도하고자 했다는 것이다. 이제 정언명령은 세 개의 다른 변형된 공식으로 유도된다는 셋째 의미를 다룰 차례다. 이번 7강은 변형된 세 개의 공식 중 첫째 공식에 관한 것이다. 이 첫째 공식이 칸트 철학의 십자가를 다시 소환해 줄 것이다.

잠시 수학 이야기를 먼저 해보자. 우리가 다룰 문제가 변형된 공식 유도에 관한 것이기에 이 수학의 예가 이해에 도움을 줄 것이다. 아래의 식은 무엇일까?

$$x = \frac{-b \pm \sqrt{b^2 - 4ac}}{2a}$$

‘근의 공식’, 이차방정식의 답을 구하는 공식이다. 이차방정식의 해는 일반적으로 인수분해로 구하지만, 이 과정이 복잡하거나 불가능할 때 사용하는 공식이 바로 근의 공식이다. 그런데 또 다른 근의 공식이 있다. 바로 ‘짝수 근의 공식’이다.

$$x = \frac{-b' \pm \sqrt{b'^2 - ac}}{a}$$

‘짝수 근의 공식’은 이차방정식 $ax^2 + 2b'x + c = 0$의 답을 구하는 공식이다. 같은 이차방정식의 풀이법인데 이 공식은 왜 필요할까? 짝수 근의 공식은 앞의 공식에서 b가 짝수일 경우 사용한다. 짝수인 경우 이를 2로 나누어 대입하면 조금 더 간단히 정확한 답을 얻을 수 있기 때문이다. 이것이 변형된 공식을 유도해 사용하는 이유다. 우리가 다룰 변형된 정언명령도 이와 별반 다르지 않다. 이제 우리 이야기로 다시 가보자.

6강에서 보았듯 칸트는 정언명령을 제시하며 그것이 오직 하나임을 밝힌다. 그런데 곧바로 다음 문단에서 새로운 공식의 필요성이 등장한다.[1] 그 이유는 다음과 같다. 정언명령은 무엇이 도덕적 의무인지를 계산하기 위한 일종의 공식이다. 다시 말해, 이 공식에 대입하면 어떤 행위가 도덕적 의무인지를 확인할 수 있다. 그런데 우리가 변형된 공식을 사용하면 무엇이 도덕적 의무인지를 좀 더 쉽게 확인할 수 있다. 즉 도덕적 의무가 말하는 바를 이 변형된 공식이 더 잘 보여 줄 수 있다는 것이다. 이런 이유로 칸트는 변형된 첫째 공식을 다음과 같이 제시한다.

> "[원인에 의해] 결과들이 생겨날 때 따르게 되는 법칙의 보편성이 원래 가장 일반적 의미에서 (형식의 의미에서) **자연**이라 부르는 것, 다시 말해 보편적 법칙들에 따라 규정되는 한에 사물들의 현존이라 부르는 것을 형성하므로, 의무의 보편적 명령도 다음과 같이 말할 수 있겠다. **마치 너의 행위의 준칙이 너의 의지에 의해 보편적 자연법칙이 되어야 할 것처럼, 그렇게 행위하라.**"(『도덕형이상학 정초』 IV421)

여기에는 '정언명령'과 마찬가지로 "행위하라handle"라는 '명령형Imperativ'으로 주어지는 새로운 공식이 등장한다. 원래의 공식, "**너의 준칙이 동시에 보편적 법칙이 될 것을 원할 수 있는 그런 준칙에 따라서만 행위하라.**"와의 차이는 무엇일까? 내용상 다른 점은 두 가지다. 첫째는 '보편적 법칙'이 '보편적 자연법칙'으로 바뀐 것이다. 둘째는 '마치 … 인 것처럼'이라는 표현이 더해진 것이다.

먼저 '보편적 법칙'과 '보편적 자연법칙'은 어떻게 다를까? 사실 별반 다를 바 없다. '보편적 자연법칙'도 '보편적 법칙' 중 하나다. 논리학적으로 말하자면 '보편적 자연법칙'이 더 많은 내포와 더 적은 외연을 갖는다. 즉 '자연'이라는 단어가 더해져 의미하는 뜻은 많아졌지만, 그만큼 그것이 지시하는 대상들의 집합은 줄어들어 외연이 적어진 경우다. 한마디로 더 구체적이라는 말이다. 결국 '너의 준칙이 동시에 **보편적 법칙**이 될 것을 … 행위하라'가 '너의 준칙이 동시에 **보편적 자연법칙**이 될 것을 … 행위하라'로 바뀐 셈이다.

그렇다면 어떻게 이런 변경이 가능했을까? 다시 말해, 이 변형된 공식은 어떻게 유도된 것일까? 그것은 원래 공식의 '보편적 법칙'이라는 개념에서 유도된다. 법칙이 모든 것에 적용되어야 한다는 '법칙의 보편성'이 가장 잘 드러나는 말이 '자연'이기 때문에, '보편적 법칙'은 '보편적 자연법칙'으로 변경할 수 있다는 것이다. 철학에서 '자연'이라는 말은 전통적으로 두 가지 의미를 갖는다. 첫째는 질료적 의미의 자연이다. 이것은 자연 사물의 전체 합을 말한다. 말하자면 우리가 흔히 경험하는 대상으로서의 자연이다. 둘째는 형식적 의미의 자연이다. 이것은 자연법칙에 따르는 자연 사물의 '합법칙성'을 뜻한다.[2] 즉, 자연 사물들이 보편적 자연법칙에 필연적으로 따른다는 것을 의미한다. 칸트는 지금 자연의 형식적 의미를 이용하여 법칙의 보편성을 '보편적 자연법칙'으로 대체하고 있다.

다음으로 '마치 …인 것처럼'이라는 표현이다. 여기에 사용된 독일어 'als ob …'은 영어의 'as if …'와 같은 말로 가정형을 이끄는 접속사다. 이 표현은 유비 논증Analogie에서 흔히 사용되는 표현이다. 유비 논증이란 서로 다른 영역의 대상을 마치 동일한 것으로 가정하고 비교하여 주장하려는 것이다. 예컨대, 돼지의 심장과 사람의 심장은 서로 다른 영역이지만 거기에는 유사성도 많다. 이런 유사성에 근거해 특정 약이 돼지의 심장병에 효과가 있다면 그 약이 사람의 심장병에도 효과가 있을 거라 주장하는 형태다.

이상의 변화된 두 가지를 종합해 보면, 결국 변형된 정언명령의 공식은 다른 영역에서 벌어지는 일을 가져와 자신의 영역을 더 잘 설명하려는 것이다. 즉 도덕법칙이 작용하는 영역의 일을 자연법칙이 작용하는 영역에 비유하고 있다. 따라서 원래의 명령이, '너의 사적인 준칙이 동시에 보편적 [실천]법칙이 될 것을 원할 수 있는 그런 준칙에 따라서만 행위하라'는 것이었다면, 변형된 명령은, '너의 사적인 준칙이 동시에 마치 자연의 보편적 법칙이 될 것을 원할 수 있는 것과 같은 그런 준칙에 따라서만 행위하라'는 것이 된다.

그렇다면 이처럼 변형된 공식은 왜 필요한 걸까? 앞서 유일하게 하나라고 말했던 정언명령을 칸트는 왜 또 다른 공식이 있는 것처럼 새로운 형태의 명령으로 제시한 걸까? 이런 비유적 표현의 공식이 때로는 도덕적 명령의 내용을 더 잘 보여 주고 무엇이 도덕적 의무인지 더 쉽게 판단하게 해주기 때문이다. 마치 '짝수 근의 공식'이 이차방정식의 답을 '근의 공식'보다 더 쉽고 정확하게 제공할 수 있듯이 말이다. 이를 보여 주는 것이 새로운 공식의 타당성 검토다.

이제 칸트는 새롭게 제시한 변형된 정언명령의 타당성을 검토한다. 수학에서 새로운 공식을 유도하고 그것의 타당성을 검산하듯이 말이다. 수학의 검산은 이미 알려진 답을 활용한다. 새로운 식에 그것을 대입하여 정답이 나오는지를 확인하는 것이다. 만약 이미 알려진 답이 나온다면 그 공식은 타당한 공식이 된다. 변형된 정언명령에 대한 검토도 마찬가지 방식으로 이루어진다.

칸트는 사람들이 도덕적 의무로 여기는 의무 네 가지를 선정한다.[3] 선정 기준은 통상적 분류 기준에 따른다. 의무는 크게 '자신에 대한 의무'와 '타인에 대한 의무'로 나눌 수 있고, 또한 '완전한 의무'와 '불완전한 의무'로 나눌 수 있다. 완전한 의무는 그것의 위반 자체가 모순을 일으키는 것, 즉 여기서는 자연 자체를 존속하게 할 수 없는 것을 말한다. 반면에 불완전 의무는 위반 자체가 모순을 만들지 않지만, 이성적 존재라면 그것이 보편적 법칙이 될 것을 의욕하지는 않는 경우다. 결국 이를 조합하면, 첫째 '자신에 대한 완전한 의무', 둘째 '타인에 대한 완전한 의무', 셋째 '자신에 대한 불완전한 의무', 넷째 '타인에 대한 불완전한 의무'로 나뉜다. 이제 이들 각각의 의무를 검토한다.

첫째는 '자신에 대한 완전한 의무'다. 여기에 해당하는 예는 자기 생명을 유지할 의무다. 칸트는 이 의무를 새롭게 변형된 공식에 대입해 본다. 잇따른 절망으로 생에 염증을 느낀 어떤 사람이 자살을 원하는 경우가 이 의무에 어긋나는지를 살펴보는 것이다. 이 사람은 '생의 연장이 가져다주는 해악이 더 크면 자기 사랑에 근거해 생을 단축하는 것을 원리로 삼는다'는 사적 준칙을 가질 수 있다.

그런데 자신에 대한 사랑 때문에 자기 생명을 파괴할 수 있다는 이 원리가 보편적 자연법칙이 되면 어떨까? 생명체는 자신의 생명을 유지하는 것이 본성인데 생명을 파괴하는 것이 자연의 법칙이 되면 이는 모순이 된다. 모두가 자살하면 세상에는 사람이 존재할 수 없을 것이기 때문이다. 즉 이 사적 준칙이 보편적 자연법칙이 되는 것은 불가능하다. 그렇다면 변형된 정언명령의 타당성, 즉 무엇이 도덕적 의무인지 알려 주는 공식으로서의 자격이 검증되었다. 우리가 알고 있는 '자신에 대한 완전한 의무'가 이 공식을 통해 도덕적 의무임이 드러났기 때문이다.

이어지는 의무들에 대한 검토 역시 같은 방식으로 이루어진다. 둘째는 '타인에 대한 완전한 의무'다. 곤경을 벗어나기 위해 갚을 수 없다는 것을 알면서도 돈을 빌리려고 타인에게 갚겠다는 거짓 약속을 할 수 있는지에 관한 것이다. 이런 거짓 약속이 보편적인 법칙이 되어 모든 사람들이 거짓 약속을 한다면 약속의 본질 자체를 훼손한다. 따라서 거짓 약속을 할 수 있다는 것이 보편적 자연법칙이 되는 것은 불가능하다.

셋째는 '자신에 대한 불완전한 의무'다. 이는 자신의 재능을 계발할 의무에 관한 것이다. 노력만 하면 쓸모 있는 사람이 될 재능을 가진 사람이 안일과 향락에 빠져 자기 계발을 하지 않을 때, 자신의 안일만을 위하는 것은 보편적 법칙이 될 수 없다는 것이다. 물론 재능을 가진 누군가가 자기 계발을 소홀히 한다고 하여 자연 자체가 존속할 수 없는 것은 아니고, 이런 점에서 이것이 자신에 대한 완전한 의무는 아니다. 하지만 비록 자신은 계발을 소홀히 하더라도 모두가 자기 계발을 하지 않는 세상을 의욕할 수는 없을 거라는 점에서, 이성적 존재는 이것이 보편적 자연법칙이 될 것을 원하지 않을 것이다.

넷째는 '타인에 대한 불완전한 의무'에 관한 것이다. 아무런 문제 없이 잘 살고 있는 사람이 역경에 처한 사람을 보고도 이를 자신과 무관한 것으로 여겨 도움을 주지 않는 것을 보편적 자연법칙으로 의욕할 수 있을까? 물론 그가 돕지 않아도 세상은 존속할 것이고 그런 점에서 이 의무의 위반이 자연 자체를 파괴하지는 않는다. 하지만 모두가 타인의 어려움을 돕지 않는 것이 보편적 법칙이 된다면 어떨까? 세상 어떤 사람도 타인을 도와주지 않는다면, 자신이 곤경에 처했을 때 타인의 도움을 받을 희망이 없어질 것이다. 그렇기에 이성적 존재라면 그것이 보편적 자연법칙이 되길 원하지는 않을 것이다.

이렇게 네 가지 의무의 검증을 마친 칸트는 새로운 정언명령이 도덕적 의무를 판단하고 분류하는 적절한 공식임을 선언한다. 사실 이들 의무에 관한 칸트의 논의에는 흥미로운 부분이 많이 남아 있다. 예컨대 '타인에 대한 불완전한 의무'에 관한 논의는 롤스John Rawls의 이론이 칸트 윤리학에 근거했음을 알려 준다. 롤스의 『정의론』에는 칸트가 여기서 전개한 논리가 그대로 담겨 있기 때문이다. 롤스에게 '무지의 베일veil of ignorance'을 쓴 사람들이 행하는 계약 과정은 여기서 타인의 곤경을 돕기로 결정하는 의지의 과정과 같다.[4] 롤스의 계약자들과 칸트가 말하는 의지는 자신도 다른 이의 도움이 필요할 가능성을 원천적으로 배제하여 그 기대를 빼앗는 것을 자연법칙으로 결정하지 않을 거라는 점에서 동일하기 때문이다. 이 외에도 '자신에 대한 불완전한 의무'인 가능한 자신의 능력을 계발하는 것이 왜 도덕적 의무인지를 따져 보는 것도 흥미로운 주제다. 하지만 이쯤에서 마치고 미뤄 둔 이야기로 돌아가자. 칸트 철학이 짊어진 십자가 이야기로.

이번 7강의 주제는 정언명령의 변형된 첫째 공식인 "마치 너의 행위의 준칙이 너의 의지에 의해 보편적 자연법칙이 되어야 할 것처럼, 그렇게 행위하라."에 관한 것이다. 그런데 이 첫째 공식에는 칸트의 유비 논증이 숨어 있다. 이는 두 영역의 유사성에 근거한 주장이다. 즉 도덕법칙이 작동하는 자유의 영역이 마치 자연법칙이 지배하는 자연의 영역과 같다는 것이다. 칸트의 이 비유적 설명에서 우리가 남겨 두었던 이야기는 출발한다.

'이분법Dichotomie'이란 용어가 있다. 둘로 나눈다는 뜻이다. 칸트 철학을 대표하는 특징 중 하나가 바로 이 '이분법'이다. 그렇다. 칸트는 많은 것을 둘로 구분한다. 우리의 인식 능력을 '감성Sinnlichkeit'과 '지성Verstand'으로 나눈다. 이로부터 '경험적인 것'과 '선험적인 것' 혹은 '종합적인 것'과 '분석적인 것'의 구분이 이루어지고, '감성세계'와 '지성세계'의 구별이 생겨난다.

그는 왜 이렇게 많은 것을 구별하는 것일까? 거기에는 나름의 이유가 있다. 그가 비판했던 전통 형이상학의 문제가 구별의 소홀함에 있다고 생각했기 때문이다. 구별되어야 할 것들을 무분별하게 혼용하거나, 하나를 다른 하나로 환원한 것이 그가 본 이전 형이상학의 문제점이었다. 따라서 칸트는 이들을 환원할 수 없는 독자적 영역으로 구별한다.

사실 이분법적 철학은 칸트만의 고유물은 아니다. 플라톤이 『국가』에서 선분의 비유를 통해 '감각적인 것to horaton'과 '지성적인 것to noeton'을 나눈 후 이분법적 구별은 하나의 철학적 전통이 되었다. 그런데 이분법은 양날의 검과 같아서, 누군가를 공격할 좋은 무기가 동시에 자신을 찌르는 검이 될 수 있음을 알아야 한다. 철학에서 무언가를 나누고 나면, 이제 이 나누어진 것들의 관계를 설명해야 한다. 예를 들어 데카르트René Descartes는 '물질'과 '정신'을 서로 독립적인 두 개의 실체로 구별했다.[5] 이를 통해 자연 세계에 드리워져 있던 신비의 흔적을 걷어 내고 기계론적 탐구의 가능성을 열었다. 하지만 성과 뒤엔 그늘도 따른다. 인간은 신체와 정신을 동시에 갖는 존재다. 인간에게서 이 둘은 결코 독립적이지 않고 서로 영향을 주고받는다. 이들의 상호관계를 '송과선'이라는 비과학적 용어로 설명한 일은 데카르트 철학의 부끄러운 스캔들로 남았다.

하지만 칸트는 '이분법'이 가진 문제점을 일찍부터 알고 있었다. 그렇기에 그의 철학 여정의 가장 길고 중요한 시간을 이 문제 해결에 바쳤다. 칸트가 이전의 전통 형이상학을 본격적으로 비판한 것은 1770년 교수 취임 논문에서였다.[6] 여기서 칸트는 '감성적인 것'과 '지성적인 것'의 명확한 구별을 시도한다.[7] 칸트는 이러한 구별이 전통 형이상학을 무너뜨리는 훌륭한 무기임을 알았던 것이다. 그러나 이 공격의 무기가 자신에게도 향할 수 있음을 그는 곧 깨닫는다.

2년 뒤 1772년 2월 자신의 제자였던 헤르츠M. Herz에게 보낸 편지에는 칸트의 이런 깨달음이 담겨 있다. 이 편지에서 칸트는 "우리 안의 표상이라 불리는 것이 대상과 관계 맺는 것은 무엇에 근거하는가?"라는 질문을 제기하고, 그동안의 형이상학이 간과했던 이 질문에 대한 답이 형이상학의 모든 문제를 해결할 열쇠가 될 것이라 말한다.[8] 칸트의 물음은 결국 서로 나누어진 것들의 관계를 묻는 것과 다르지 않다. 그리고 이 답을 찾는 자신의 연구를 예고한다. 그것이 바로 우리가 잘 아는 『순수이성비판』이다.

예상보다 시간은 걸렸어도 1781년 발표된 『순수이성비판』은 칸트가 스스로 설정한 과제의 해결을 의미했다.[9] 서로 환원될 수 없는 구별되어야 할 것들의 상이성에도 불구하고 이들이 필연적으로 관계 맺을 수 있는 근거를 밝혀야 하는 과제 말이다. 이로써 칸트는 자신의 숙원을 이룰 수 있는 토대를 마련했다. 진정한 형이상학을 세울 수 있는 토대를.

사실 청년 칸트의 꿈은 당시 신흥 학문과 전통 학문을 대표하는 뉴턴Isaac Newton의 물리학과 라이프니츠Gottfried Wilhelm Leibniz의 형이상학을 통합하는 것이었다. 그러나 전통 형이상학과의 결별로 칸트는 새로운 꿈을 갖게 된다. 그것은 이들 각각의 영역에 자신만의 방법론으로 '자연형이상학'과 '도덕형이상학'을 새롭게 세우는 것이었다. 그렇기에 칸트 철학의 주요 작품으로 알려진 『순수이성비판』(1781년),

『도덕형이상학 정초』(1785년), 『자연과학의 형이상학적 기초원리』(1786년), 『실천이성비판』(1788년), 이 모든 일련의 작품들은 실상 이 두 형이상학의 토대를 놓기 위한 기초 작업이었던 셈이다.

이번 강의를 시작하며 인용했던 '내 위의 별이 빛나는 하늘'과 '내 안의 도덕법칙'은 바로 칸트가 꿈꾸던 '자연형이상학'과 '도덕형이상학'을 상징하는 두 대상이다. 그렇다면 칸트는 왜 이 두 개의 새로운 형이상학을 꿈꿨을까? 그건 전통 형이상학과 맞서기 위해 그가 내세웠던 '이분법'의 필연적 귀결일지 모른다. 구별되어야 할 것들은 구별되어야 하고, 그것들은 서로 다른 기원을 갖는 환원될 수 없는 것이라는 이분법적 생각은 두 개의 독립적 영역을 요구하기 때문이다. '자연의 법칙'과 '자유의 법칙'이 각각 지배하는 자연과 도덕의 두 영역을 말이다.

그런데 1788년의 칸트에게 이 두 세계는 아무런 문제가 되지 않았다. 그렇기에 『실천이성비판』을 마치는 칸트의 소회에는 경탄과 경외는 있어도 의심과 후회는 보이지 않는다. 『순수이성비판』 이후 자신이 찾은 해결책이 이 두 영역의 체계적 통합을 충분히 가능하게 해줄 거라 믿었기 때문이다.[10] 그러나 칸트는 『순수이성비판』에서 제시했던 자신의 해결책이 충분하지 않음을 곧 깨달은 것 같다. 1790년 출간한 『판단력비판』에서 그의 생각의 변화를 읽을 수 있기 때문이다.

『판단력비판』에는 앞선 두 비판서의 결과로 생겨난 '자연의 세계'와 '자유의 세계'의 "거대한 간극"[11]을 메워야 한다는 칸트 철학의 새로운 과제가 등장한다.[12] 그리고 칸트는 자연과 자유의 통일 근거를 제시하는 이 과제가 『판단력비판』을 통해 성공적으로 해결되었다고 평가한다.

> "그러므로 이로써 나는 나의 전체 비판적 작업을 끝마친다. [...] 나는 주저하지 않고 이론[체계]적 작업으로 나아갈 것이다. [...] 뿐만 아니라, 철학을 이론철학과 실천철학으로 구분하는 것에 따르고, 그와 같이 순수철학도 구분함에 따라서, 자연형이상학과 도덕형이상학이 저 [이론체계적] 과업을 이루게 될 것이다."(『판단력비판』 V170)

『판단력비판』 머리말의 이 구절에는 칸트의 벅찬 마음이 잘 드러난다. 자신이 설정한 과제를 마치고 새로운 과업이자 일생의 과업인 '자연형이상학'과 '도덕형이상학'의 완성으로 향하는 희망의 마음이 말이다. 그러나 그의 야심 찬 계획은 끝내 성공하지 못한다.[13] 이 과업이 사실은 그의 철학이 짊어질 형벌의 십자가였던 것이다. 그렇다. 세 개의 비판서로 완성한 그의 철학적 체계에는 해결해야 할 문제가 아직 남아 있었다.

늦어도 1795년에는 『판단력비판』에서 제시한 해결책이 충분하지 않았음을, 남은 이 체계의 문제가 생각보다 심각한 것임을 칸트가 인식한 것으로 보인다. 그렇기에 칸트는 생애 말년에 자신의 철학 체계 전체를 다시 세우는 중요한 저서를 계획한다.[14] 이러한 인식 변화가 언제부터 시작되었는지 정확히 알 수는 없지만, 이후 칸트가 이 문제를 해결하려고 노력한 과정만은 충분히 알려져 있다.

그 시기 지인들과 주고받은 칸트의 서신에는 마지막 과제에 대한 명확한 인식과, 그럼에도 이를 완수하지 못하는 현실에 대한 안타까움이 곳곳에 묻어 있다. 가르베Christian Garve에게 보낸 1798년 9월 21일 편지에는 칸트의 이러한 회한이 잘 드러나 있다.

> "내가 지금 작업하고 있는 과제는 '자연과학의 형이상학적 기초로부터 물리학으로의 이행'과 관련된 것이다. 이 과제는 해결될 것이다. 만약 해결되지 못한다면 비판철학의 체계에 빈틈이 생기기 때문이다. 이에 대한 이성의 요구는 수그러들지 않고 있다. 이를 위한 능력에 대한 의식도 마찬가지로 쇠퇴하지 않는다. 그러나 이 과제를 충족시키는 일은 미루어졌는데, 이는 비록 삶의 활력의 완전한 침체로 인한 것은 아니지만, 점점 극도의 초조함으로까지 나타나는 심리적 압박으로 인함이다. 그러니까 나의 건강 상태는 다른 이들이 당신에게 알려 준 바처럼 연구자의 건강 상태는 아니다. 오히려 (음식을 먹을 수 있고, 걸을 수 있고, 잠잘 수 있는) 간신히 살아가는 자의 상태다."(XII257)

얼마 후 키제베터Johann Gottfried Kiesewetter에게 보낸 편지에서도 건강에 대한 칸트의 염려를 볼 수 있다. 하지만 칸트는 자신을 '정상적 근무가 힘든 노인의 상태'로 평가하면서도 남겨진 과제를 완수하려는 강한 의욕을 보여 준다. 칸트의 중요 전기들 역시 이런 힘든 건강 상태에도 불구하고 마지막 작품에 강한 열정을 보인 칸트의 모습을 잘 그리고 있다. 특히 칸트의 말년의 삶을 생생히 전해 주는 바지안스키Ehregott Andreas Christoph Wasianski는 칸트가 이 마지막 작품을 자신의 "가장 중요한 작품"으로 여겼으며, 이러한 칸트의 인식이 급격한 건강 악화에 이르게 했다고 판단하고 있다.[15] 칸트의 이런 열정과 노력에도 그의 마지막 작품은 결국 미완성으로 남는다. 이와 관련된 미완성 원고만이 『유작Opus postumum』이라는 이름으로 전해질 뿐이다.

사실 칸트 연구사에서 『유작』에 대한 학문적 평가는 엇갈린다. 그리고 우리에게 그것의 철학적 의의는 중요하지 않다. 노년의 칸트가 보여 준 단순 에피소드이든 칸트 철학의 올바른 방향을 제시한 중요한 변곡점이든, 주목해야 할 것은 칸트가 마지막까지 보여 준 학자적 삶의 태도다.

잘못을 인정하는 것은 쉽지 않은 일이다. 이루어 놓은 것이 많은 삶일수록 더욱 그렇다. 칸트는 철학자로서 누구보다 많은 것을 이루었다. 서양철학이 칸트 이전과 이후로 나뉠 만큼 그는 분명 철학사에 한 획을 그었다. 그럼에도 그는 작은 비판도 소홀히 여기지 않았고 견고했던 자기 체계의 수정과 변화에 과감했다. 그렇기에 그는 더 이상 칸트 철학이라 부르기 힘들 만한 내용도 결코 마다하지 않았다. 이렇게 칸트가 남긴 『유작』에는 자신의 체계를 완전히 부정하고서라도 문제를 해결하려는 정직한 학자의 모습이 고스란히 담겨 있다.

누구에게나 운명처럼 주어지는 삶의 십자가는 있다. 그러나 이 무거운 짐을 피하지 않고 기꺼이 지고 가는 이는 많지 않다. 경탄과 경외의 마음으로 새기던 '별이 빛나는 하늘'과 '도덕법칙'은 분명 칸트 철학의 가장 큰 성과이자 동시에 그가 짊어져야 할 고난의 십자가였다. 그렇다면 마지막 순간까지 기꺼이 이 짐을 졌던 그의 삶을 기리기에 이보다 더 좋은 글귀는 없었을 것이다. 그의 묘비에 적힌 구절을 다시 한번 천천히 읽어 본다.

> "더 자주 그리고 더 오래 숙고하면 할수록, 매번 새롭고 매번 커지는 경탄과 경외로 마음을 채우는 두 가지가 있다. 그것은 **내 위의 별이 빛나는 하늘과 내 안의 도덕법칙**이다."(『실천이성비판』 V161)

---

1 『도덕형이상학 정초』 IV421: "그런데 의무에 관한 모든 명령이 그들의 원리로서 이 유일한 명령으로부터 이끌어 낼 수 있다면, 설령 사람들이 의무라 부르는 것이 공허한 개념이 아닌지는 미결로 남겨 두더라도, 적어도 우리가 이것으로 무엇을 생각하고 있으며, 이 개념이 무엇을 말하려 하는지는 제시할 수 있다."

2 아리스토텔레스는 '자연(physis)'을 '자연 사물들의 변화와 운동의 원리'로 정의했는데, 형식적 의미의 '자연' 개념은 여기서 비롯되었다고 볼 수 있다.

3 『도덕형이상학 정초』 IV421: "이제 우리는 몇몇 의무들을 의무의 통상적 분류에 따라 즉 자신에 대한 의무와 타인에 대한 의무, 그리고 완전한 의무와 불완전한 의무로 나누어 열거하려고 한다."

4 존 롤스, 『정의론』, 황경식 옮김, 이학사, 2003, 195-202쪽.

5 데카르트에게서 두 가지 실체는 '물질'에 해당하는 'res extensa(연장적인 것)'와 '정신'에 해당하는 'res cogitans(사유하는 것)'이다. 그는 '실체'를 '자신이 존재하기 위해 다른 것을 필요로 하지 않는 방식으로 존재하는 것'으로 정의한다. 한마디로 다른 것의 영향을 받지 않고 독자적으로 존재할 수 있는 것을 말한다.

6 칸트가 1770년 발표한 쾨니히스베르크 대학 교수 취임 논문은 "감성세계와 지성세계의 형식과 원리들에 관하여(De mundi sensibilis atque intelligibilis forma et principiis)"라는 라틴어 논문이다.

7 이 외에도 교수 취임 논문에는 이전 형이상학과 결별하게 되는 중요한 이론적 근거가 등장한다. '공간'과 '시간'에 대한 관념론적 해석과 인간 지성의 유한성에 관한 생각이 이에 해당한다. 이런 점에서 칸트 철학에서 교수 취임 논문은 '초월적 관념론(Transzendentaler Idealismus)'으로 가는 중요한 시발점이라 할 수 있다.

8 학술원판 X130쪽 참조. 헤르츠에게 보낸 1772년 2월 21일 자 편지는 칸트가 『순수이성비판』에서 해결을 시도한 초월철학의 근본 문제가 처음 등장하는 글이다.

9 헤르츠에게 보낸 편지에서 칸트는 『순수이성비판』의 출간을 3개월 후로 예고했다. 그러나 실제 『순수이성비판』의 초판은 거의 10년이 지난 1781년에서야 나온다. 이는 자신이 제기했던 문제 해결이 예상처럼 쉽지 않았다는 증거이기도 하다.

10 '이분법'이 낳은 문제점을 인식하고 그 해결책을 모색하려는 칸트의 시도는 『순수이성비판』에서 이미 확인할 수 있다. 『순수이성비판』 세 번째 '이율배반(Antinomie)'에는 '자연에 따르는 인과성'과 '자유로부터의 인과성'이 하나의 동일한 사건이나 동일한 행위에 동시에 타당할 수 있는 가능성이 등장한다. 그것은 하나의 동일한 사건이나 행위에 서로 다른 인과성을 '서로 상이한 관점'에서 적용하는 것이다. 『순수이성비판』의 이러한 해결책은 『도덕형이상학 정초』의 것과 유사하다. 『도덕형이상학 정초』의 내용은 10강에서 다시 다루게 될 것이다.

11 "unübersehbare Kluft"(『판단력비판』 V175)

12 칸트는 여기서 '자연으로부터 자유로의 이행(Übergang von der Natur zur Freiheit)'이라는 과제를 제시한다. 즉, "자연의 형식들의 합법칙성이 적어도 자유의 법칙에 따라 자연에서 실현되어야 할 목적들의 가능성에 일치하도록"(『판단력비판』 V176) 그렇게 자연을 생각할 수 있는 과제, 그래서 "자유 개념이 실천적으로 포함하고 있는 것과 자연의 근저에 놓인 초감성적인 것의 통일 근거"(『판단력비판』 V176)를 발견해야 하는 과제를 말이다.

13 '자연형이상학'을 완성하려는 계획은 끝내 이루지 못했어도 1797년 『도덕형이상학』의 출간으로 그의 꿈은 절반의 성공으로 볼 수도 있다. 하지만 애초의 계획은 완성하지 못한 채 이들 체계의 통일성 문제가 생전의 최대 과제로 남아 칸트의 오랜 꿈은 실현되지

못한다.

14 키제베터가 칸트에게 보낸 1795년 6월 8일 자 편지(XII23)에는 칸트가 자신의 체계 문제를 해결하기 위해 준비하던 마지막 작품의 제목이 등장한다. 칸트가 이미 마지막 작품을 위한 예비 작업을 시작했음을 보여 주는 외적 증거다.

15 "칸트가 이 작품을 완성하기 위해 쏟은 노력이 그의 남은 힘을 더 빨리 소진시켰다. 그는 이 작품을 자신의 가장 중요한 작품이라고 말했다. 그러나 아마도 이러한 판단이 그의 쇠약해짐에 커다란 몫을 했을 것이다."(Wasianski, E. A. Ch., Immanuel Kant in seinem letzten Lebensjahren, Königsberg, 1804, hrsg. von F. Gross, *Immanuel Kant: Sein Leben in Darstellungen von Zeitgenossen*(s. 260), Darmstadt: Wissenschaftliche Buchgesellschaft, 1993.)

A

칸트 철학에는 이분법적 구분이 자주 등장합니다. 이러한 구분은 실질적 영역의 구별을 뜻하기도 하고, 때론 그 영역의 차이를 설명하기 위해 비유적으로 표현됩니다. '자유의 법칙'도 이 과정에서 종종 등장합니다. '자연 세계'가 인과율이라는 자연필연성의 법칙이 지배하는 영역이라면, '도덕 세계'는 이 자연법칙이 지배하지 않는 또 다른 영역을 의미합니다. 인간이 의지를 가지고 행동하는 실천의 영역은 자연법칙과 무관한 인간의 자유의지가 작동하는 세계라고 생각했기 때문입니다. 이런 이유에서 칸트는 자유의지가 작동하는 도덕의 세계를 '자유의 영역'이라 부릅니다. 또한 자연 사물들이 자연 세계에서 자연의 법칙을 따르는 것에 비유하여, 도덕 세계의 존재들이 따르는 법칙을 '자유의 법칙'이라고 부릅니다.

8강

‘목적의 나라’

칸트는 불온한 혁명가인가?

Q

근로 계약이나 매매 계약에서처럼 자신이 추구하는 목적을 달성하기 위해 타인이나 스스로를 수단으로 삼는 경우에도 도덕적으로 비난받아야 할까요? 타인을 수단이 아닌 목적으로 대한다는 것의 구체적 의미는 무엇인가요?

바리새인들이 하나님의 나라가 어느 때에 임하나이까 묻거늘
예수께서 대답하여 이르시되 하나님의 나라는
볼 수 있게 임하는 것이 아니요 또 여기 있다 저기 있다고도 못하리니
하나님의 나라는 너희 안에 있느니라.

- 누가복음 17장 20-21절

소크라테스와 예수, 혹시 이들의 공통점을 아는가? '위대한 인물great man'? 맞는 답이다. 이들은 철학과 종교의 대표적 위인이다. 하지만 이들에게는 또 하나의 공통점이 있다.

소크라테스는 고대 그리스의 대표적 철학자다. BC 5세기 아테네에서 태어나 철학적 탐구와 가르침에 일생을 바친 인물이다. 플라톤의 스승이기도 했던 그는 '신성 모독'과 '젊은이를 타락시킨 죄'로 기소되었다. 악법도 법이라는 말을 남기고 독배를 마셨던 비운의 철학자다.

예수는 베들레헴에서 태어난 가난한 목수의 아들이다. 30세에 처음 시작한 사역에서 병자를 고치는 기적을 행했다. 이스라엘을 구원할 메시아, 하나님의 아들로 칭송받았지만, 제자 유다의 배신으로

재판에 넘겨진다. '유대인의 왕'을 자처한 죄로 십자가에서 죽임을 당한 종교 지도자다.

우리가 아는 이들의 이야기는 모두 '억울한 죽음'으로 끝난다. 그런데 공통점은 또 있다. 바로 이처럼 억울한 죽음에 이르게 된 이유다. 겉으로 씌워진 죄명은 달라도 숨겨진 내용은 같다. 사람들을 미혹하여 타락시킨 죄, 현 체제를 부정하고 새로운 세계를 꿈꾸게 한 죄. 그렇다. 당시 지배자들의 눈에 비친 이들은 위험한 사상의 전파자였다. 로마의 식민지에서 하나님의 나라를 선포하고, 아테네 민주주의를 대적해 철인통치哲人統治를 꿈꾼 불온한 혁명가였다.

그런데 여기 새로운 나라를 꿈꾼 또 다른 인물이 있다. 바로 칸트가 그 주인공이다. 그가 꿈꿨던 나라, '목적의 나라'가 바로 그것이다. 이 위험한 나라, '목적의 나라'가 이번 8강의 주제다.

앞서 우리는 정언명령에 관한 이야기를 했다. 정언명령이라는 아름다운 도덕의 공식이 세 개의 다른 변형된 공식으로 유도된다는 것을. 그리고 7강에서는 그 변형된 첫째 공식에 관해 이야기했다. 그것은 우리 행위의 보편적 법칙을 자연법칙에 비유한 것이다. 그래서 주어진 명령은 마치 우리의 준칙이 보편적 자연법칙이 되어야 할 것처럼 그렇게 행위하라는 것이었다. 칸트는 이제 또 다른 공식을 제시한다. 정언명령이 변형된 둘째 공식이다.

"그러므로 이 원리는 동시에 **객관적** 원리이고, 최상의 실천 근거인 이 원리로부터 의지의 모든 법칙이 도출될 수 있어야만 한다. 따라서 실천적 명령[형]은 다음과 같을 것이다. **너는 인간성을 너의 인격에서나 다른 모든 사람의 인격에서도 항상 동시에 목적으로 대하고, 결코 한낱 수단으로 대하지 않도록 그렇게 행위하라.** 우리는 과연 이 명령[형]이 실행되는지를 살펴보려 한다."(『도덕형이상학 정초』 IV429)

우리가 잘 아는 익숙한 이 공식도 "행위하라 이렇게Handle so"라는 명령형으로 시작된다. 한마디로 '모든 인간을 수단이 아닌 목적으로 대하도록 그렇게 행위하라'는 것이다. 공식이 유도되었으니 이제 타당성 검증이 필요하다. 칸트는 곧바로 "이 명령이 실행되는지"를 살펴보겠다고 한다. 앞서와 마찬가지로 이 공식이 제대로 작동하는지 검산을 해보려는 것이다.

앞서 첫째 공식에서 사용했던 네 가지 의무, 즉 '자신에 대한 완전한 의무', '타인에 대한 완전한 의무', '자신에 대한 불완전한 의무', '타인에 대한 불완전한 의무' 각각에 대한 검토가 이루어진다. 먼저 칸트는 '자신에 대한 완전한 의무'인 '자기 생명을 유지할 의무'를 다룬다.

삶의 고통으로 자살을 결심한 사람의 행동을 이 변형된 공식에 대입하면 어떨까? 이 공식에 따르면 그의 행위는 목적 그 자체로서의 인간성의 이념과 양립할 수 없다. 그가 힘든 상태를 벗어나기 위해 자신을 파괴하는 것이라면, 자신의 인격을 생이 끝날 때까지 견딜

만한 상태로 보존하기 위한 수단으로 이용한 것이지 결코 목적 그 자체로 본 것이 아니기 때문이다. 따라서 그의 행위는 이 공식에 비추어 도덕적 행위가 아님이 드러나고, 이런 점에서 이 공식은 제대로 실행된 것이다.

다른 의무들에 대한 검토 역시 동일한 방식으로 이루어진다. 그리고 이어지는 텍스트에서 칸트는 이 둘째 공식에서 말하는 '목적'의 의미를 밝히고 이에 근거하여 앞으로 제시할 변형된 셋째 공식의 이념을 이끌어 낸다. 셋째 공식의 유도는 다음 강의로 미루고 여기서는 '목적'에 관한 언급만 살펴보자.

> "[...] 둘째로, 거기에서 인간성은 인간들의 목적(주관적 목적)으로 표상되지 않고, 즉 사람들 스스로가 실제로 목적으로 삼는 대상으로 표상되지 않고, 객관적 목적으로 표상되기 때문이다. 우리가 무엇을 목적으로 갖든지, 이 객관적 목적은 법칙으로서 모든 주관적 목적들을 제한하는 최상의 조건을 이루어야 하고, 따라서 순수 이성에서 생겨나야만 하는 것이다."(『도덕형이상학 정초』 IV431)

인용된 구절은 앞서 제시된 '인간성의 원리', 즉 '인간성을 목적으로 대하라는 원리'가 왜 경험으로부터 도출될 수 없는지 그 이유를 제시하는 맥락이다. 첫째 이유는 이 원리의 보편성 때문이었다. 이제 둘째 이유가 여기 언급된다. 그것은 인간성을 목적으로 대할 때 목적의 의미가 '주관적 목적'이 아니라 '객관적 목적'이기 때문이라는 것이다. 그렇다면 인간성을 '주관적 목적'으로 대하는 것과 '객관적 목적'으로 대하는 것의 차이는 무엇일까?

칸트의 구별에 따르면 '주관적 목적'은 우리가 일반적으로 가지는 목적이다. 예를 들어 '건강하기 위해', '돈을 벌기 위해'와 같은 것이다. 반면에 '객관적 목적'은 일종의 법칙과 같은 것으로, 이것에 의해 다른 모든 주관적 목적들이 제한되는 최상의 조건이다. 그런데 '객관적 목적'은 일종의 법칙과 같이 작용하는 것이기에 그것은 경험에서 찾을 수 없고 순수 이성으로부터 생겨나야만 한다. 따라서 인간성을 '객관적 목적'으로 대하는 원리는 경험에서 비롯될 수 없다.

'목적telos'은 원래 도달해야 할 종착점을 뜻한다. 그렇기에 '목적'은 그곳에 도달하기 위한 행동을 유발한다. 즉 그 목적을 달성하기 위한 일종의 수단을 요구하는 것이다. 이때 목적을 달성하기 위해 생겨나는 행위나 변화는 목적 때문에 생겨난 결과이고 목적은 이 결과를 생기게 한 원인이다. 즉 목적이 수단의 원인이 되는 것이다. 이것을 우리는 '목적의 인과성'이라 부른다.[1]

그런데 어떤 결과를 유발한 원인은 그 원인을 생겨나게 한 이전 원인이 있어야 한다. 인과성으로의 목적도 마찬가지다. 모든 목적은 그것이 향하려는 그다음 목적을 갖는다. 모든 원인의 최종 원인을 생각할 수 있다면, 모든 목적들이 향하는 최종 종착지로서의 목적도 생각할 수 있다. 이렇게 본다면 '주관적 목적'은 우리가 일반적으로 갖는 목적, 즉 다시 또 다른 목적을 요구하는 목적이다. 반면에 '객관적 목적'은 더 이상 다른 목적을 위해 존재할 수 없는 최종 목적을 의미한다. 따라서 '객관적 목적'은 '건강'이나 '부'와 같이 구체적 내용을 갖는 목적이 아니다. 이런 종류의 목적은 다시금 상위의 목적을 갖기 때문이다.

그렇다면 칸트는 여기서 왜 '객관적 목적'을 말하는 것일까? 만약 우리가 인간성을 '주관적 목적'으로 대하면 이는 또 다른 목적을 요구하고, 그때에는 인간성이 더 이상 목적이 아닌 수단으로 전락할 것이다. 따라서 결코 수단이 될 수 없는 목적은 '객관적 목적'이어야 하고, 이를 칸트는 '목적 그 자체'라고 부른다.

정언명령의 변형된 둘째 공식은 이처럼 인간을 결코 수단이 될 수 없는 목적 그 자체로 대할 것을 명령한다. 그런데 목적 그 자체로서의 인간이라는 이념에서 흥미로운 개념이 생겨난다. 바로 '목적의 나라'다.[2] 사실 이 개념은 정언명령의 변형된 셋째 공식을 이끌어 내는 과정에서 등장한 개념이다. 그렇기에 '목적의 나라'라는 개념은 다음 강의에서 다룰 셋째 공식의 핵심인 '보편적 법칙 수립자로서의 이성적 존재'라는 개념에서 도출된다.

칸트가 여기서 '목적의 나라'를 도입한 것은 이 개념이 셋째 공식을 풍성하게 설명해 줄 수 있는 매우 생산적인 개념이기 때문이다. 따라서 칸트는 '목적의 나라'가 제공하는 다양한 비유적 설명을 통해 셋째 공식을 설명한다. 그런데 여기에는 우리의 관심인 둘째 공식에 관한 것도 있다.

정언명령의 둘째 공식은 우리가 인간성을 수단이 아닌 목적으로 대할 것을 명령한다. 그런데 우리가 인간성을 목적 그 자체로 생각해야 하는 이유는 무엇일까? 도대체 인간의 존엄성은 무엇에 근거하는 것일까? 칸트가 제시한 '목적의 나라' 개념이 이들 질문에 대한 생산적인 답도 제공해 준다. 다음의 설명을 들어 보자.

> "이성적 존재자는 모두 각자가 자기 자신과 다른 모든 사람을 **결코 한낱 수단이 아니라** 언제나 **동시에 목적 그 자체로** 대해야 한다는 **법칙** 아래에 놓여 있기 때문이다. 그런데 이로부터 공동의 객관적 법칙들에 의한 이성적 존재자들의 체계적 결합, 즉 하나의 나라가 생겨난다. 이 나라는 그 법칙들이 바로 이성적 존재자들 서로가 목적과 수단이라는 관계를 의도하기 때문에 목적들의 나라(물론 단지 이상일 뿐이지만)라고 불릴 수 있다."(『도덕형이상학 정초』 IV433)

칸트는 앞선 문단에서 먼저 '나라Reich'라는 개념을 정의한다. 그에 따르면 '나라'는 '서로 다른 이성적 존재자들이 공동의 법칙을 바탕으로 체계적으로 결합하는 것'이다. 그런데 서로가 결코 수단이 아닌 목적으로 대해야 한다는 공동의 법칙을 지키는 이성적 존재자들이 있다면, 그래서 이들이 이 법칙에 따라 체계적으로 결합되어 있다면 하나의 나라가 생겨날 수 있을 것이다. 그리고 이들을 기반으로

한 공동의 법칙이 서로를 목적으로 대하는 것이기에 우리는 이 나라를 '목적의 나라'라고 부를 수 있는 것이다.

물론 '목적의 나라'는 순전한 이상理想일 뿐이다. 그래서 현실에서 그 나라의 실존을 확인할 수는 없다. 그럼에도 이 '목적의 나라'는 진정한 도덕의 나라다. 정언명령을 따르는 존재들, 인간을 목적으로 대해야 한다는 공동의 법칙을 지키는 이성적 존재들의 나라이기 때문이다.

그런데 이런 이상적 나라, 즉 목적의 나라가 존재하려면 그 나라는 어떤 나라여야 할까? 칸트는 이 나라의 특성을 '존엄성Würde' 개념으로 설명한다. 즉 '가격'과 '존엄성'을 비교해 그 나라에서 통용되는 진정한 가치가 무엇인지를 말하고 있다.

> "목적들의 나라에서는 모든 것이 **가격**을 갖거나 **존엄성**을 갖는다. 가격을 갖는 것은 **같은 가격**을 갖는 것으로 대치될 수 있다. 이에 반해 모든 가격을 뛰어넘는 것, 그러니까 같은 가격의 어떠한 대치물도 허용하지 않는 것은 존엄성을 갖는다."(『도덕형이상학 정초』 IV434)

가격을 갖는 것은 값을 매길 수 있는 것이다. 그렇기에 동일한 값을 가진 것으로 대치될 수 있다. 반면에 존엄성은 가격을 갖지 않는다. 그것은 값을 매길 수 없기 때문이다. 따라서 존엄성을 갖는 것은 그것과 바꿀 대치물이 존재하지 않는 것이다. '가격'은 다시 '시장

가격Marktpreis'과 '애호가격Affektionspreis'으로 나뉜다.

> "인간의 보편적 경향성과 필요에 관련된 것들은 **시장가격**을 갖는다. 필요와 상관없이 어떤 취미에 적합한 것, 즉 우리 마음 능력이 순전한 무목적적 유희에서 만족해하는 것에 적합한 것은 **애호가격**을 갖는다. 하지만 어떤 것을 목적 그 자체일 수 있게 하는 유일한 조건이 되는 것은 단순히 상대적 가치, 즉 가격을 갖는 것이 아니라 내적 가치, 즉 **존엄성**을 갖는다."(『도덕형이상학 정초』 IV434-435)

보편적으로 누구나 필요로 하는 것들은 수요와 공급에 따라 결정되는 '시장가격'을 가질 것이다. 특정 취미를 가진 이에게만 필요한 것은 그것을 애호하는 이들에 의해 결정되는 '애호가격'을 가질 것이다. 이런 것들은 가격이 결정되는 방식은 달라도 가격을 매길 수 있다는 공통점이 있다.

하지만 도무지 가격을 매길 수 없는 것이 있다. 그것은 일종의 [자격] 조건이며, 그 조건만으로 어떤 것을 목적 그 자체일 수 있게 해준다. 이런 조건은 가격을 부여할 수 없고, 그렇기에 다른 것과 비교할 수 있는 상대적 가치를 가질 수 없다. 이 조건은 가치로 표현할 수 없기에 드러나지 않는 '내적 가치', 즉 '존엄성'을 갖는 것이다. 그렇다면 '목적의 나라'에서 어떤 것을 목적 그 자체일 수 있게 해주는 유일한 조건, 다시 말해 절대적 가치를 갖는 이 조건은 무엇일까? 그 답은 이어지는 다음 텍스트에 있다.

> "그런데 이성적 존재자를 목적 그 자체일 수 있게 해주는 유일한 조건은 도덕성이다. 왜냐하면 도덕성에 의해서만 목적들의 나라에서 법칙을 수립하는 구성원이 될 수 있기 때문이다. 따라서 도덕성과 도덕적일 수 있는 한에서의 인간성만이 존엄성을 갖는다."(『도덕형이상학 정초』 IV435)

그렇다. 그것은 '도덕성Moralität'이다. 이성적 존재자가 목적 그 자체일 수 있는 조건은 도덕성이다. 도덕성은 또한 목적의 나라가 성립하기 위한 유일한 조건이기도 하다. 이 도덕성을 통해서만 목적의 나라를 이루는 구성원, 즉 법칙을 수립하는 자가 될 수 있기 때문이다. 따라서 목적의 나라에서는 이 나라를 가능하게 하는 도덕성과 이 도덕성을 갖춘 인간성만이 존엄성을 갖게 된다.

이제 우리 이야기를 정리해 보자. 이번 강의의 주제는 정언명령의 변형된 둘째 공식이었다. 우리에게 잘 알려진 칸트의 정언명령, 인간을 결코 수단이 아닌 목적으로 대하라는 명령은 하나의 유일한 정언명령의 변형된 공식이다. 이 공식은 특정 상황에서 무엇이 도덕적 의무인지를 더 잘 판단하기 위해 주어졌다. 그런데 이 변형된 도덕적 명령이 우리를 진정한 도덕적 세계로 이끌어 준다. 바로 '목적의 나라'다.

'목적의 나라'는 칸트가 자신의 변형된 공식들을 설명하기 위해 비유적으로 사용한 개념이다. 하지만 여기에는 칸트가 생각하는 이상적인 도덕 국가의 모습이 담겨 있다. 이 나라는 공동의 법칙을 지키는 구성원들로 이루어져 있다. 서로를 결코 수단이 아닌 목적으로 대하라는 법칙을 지키는 이성적 존재자들의 체계적 결합이다. 그렇기에 이 나라는 '목적의 나라'로 불린다.

'목적의 나라'는 서로를 주관적 목적이 아닌 객관적 목적, 즉 목적 그 자체로 대하는 구성원으로 이루어져 있다. 여기에서 이성적 존재자들은 값을 매길 수 없는 존엄성을 갖는다. 그리고 여기서 이성적 존재자를 목적 그 자체로 대할 수 있는 조건은 도덕성이다. 이 도덕성이 이 나라의 구성원이 될 수 있는 자격 조건이기 때문이다. 따라서 도덕성과 도덕성을 갖춘 이 나라의 구성원만이 존엄성을 갖는다.

'목적의 나라'는 칸트 윤리학의 위대함과 혁명성을 동시에 보여준다. 구성원 모두가 서로를 목적 그 자체로 대하는 나라는 도대체 어떤 나라일까? 세상에 이보다 더 도덕적이고 평등한 공동체가 존재할 수 있을까? 구성원 모두 정언명령이라는 도덕법칙을 지키는 나라. 그 누구의 가치도 값을 매길 수 없고 다른 무엇으로도 대체할 수 없기에 모두가 존엄성만을 갖는 평등한 나라. 오랜 신분제 사회에서는 말할 것도 없고, 신분은 사라졌어도 보이지 않는 계급이 엄연한 오늘날에도 칸트가 꿈꾼 나라는 위대하지만 위험하다.

누군가는 칸트에게 물을 수 있다. 이런 나라가 세상에 있을 수 있느냐고. 당신이 말하는 나라는 이상일 뿐 우리가 사는 현실은 아니지 않느냐고. 이에 칸트는 어떻게 답할까? 어쩌면 그는 오래전 프리데리치아눔Fridericianum 시절 읽었던 성경의 한 장면을 떠올리고 거기서 자신의 답을 찾을지도 모른다.

어느 날 바리새인들이 예수께 물었다. "당신이 가르치는 나라, 정의와 공의가 강처럼 흐르는 나라, 신의 계명이 지켜지는 하나님의 나라는 도대체 어디 있느냐?" 이에 예수는 답한다. "비록 너희 눈에 보이지 않아도, 여기서도 저기서도 그 모습을 찾을 수 없어도, 그 나라는 이미 너희 가운데 와 있다."

그렇다. '목적의 나라'는 현실의 나라는 아니다. 칸트의 고백처럼 순전한 이상理想일지도 모른다. 그러나 누군가는 이 나라의 구성원으로 자기 삶을 살 수 있다. 아니 누구라도, 이 도덕법칙을 지키고 살아가는 이성적 존재라면 모두 이 나라의 구성원으로 살아가는 것이다. 이성의 법 앞에서, 그 이성의 명령을 묵묵히 따르는 자에게 '목적의 나라'는 이미 와 있다. 그렇게 '코람라치오네coram ratione'의 삶을 살아가는 그들 한가운데 말이다.

---

1 아리스토텔레스는 이를 '목적인(causa finalis)'이라 불렀다.

2 『도덕형이상학 정초』 IV433: "개개의 이성적 존재자는 자기 의지의 모든 준칙에 의해 보편적 법칙 수립자로 간주되어야만 하는데, [...] 이성적 존재자의 이런 개념은 여기에 수반되는 매우 생산적인 개념, 즉 목적들의 나라라는 개념에 도달하게 된다."

우리의 경제활동에서 모든 인간 관계는 서로에게 수단이 됩니다. 고용주는 피고용자를 수단으로 해서 이익을 창출할 것이며, 피고용자에게 고용주는 근로 수입을 얻기 위한 수단이 됩니다. 이런 점에서 보면 모든 인간 관계는 서로에게 수단으로 작용할 수 있습니다. 하지만 서로의 관계가 특정 목적을 위한 수단의 역할을 하는 것과 타인을 수단으로 대하는 것은 다를 수 있습니다. 고용 관계에서 보면 고용주에게 피고용자는 수단의 역할을 하는 사람이지만 고용주는 얼마든지 그를 순전한 수단이 아닌 목적으로 대할 수 있습니다.

물론 피고용인을 수단이 아닌 목적으로 대하는 것이 구체적으로 어떤 것인지 명확히 규정하는 일은 쉽지 않습니다. 하지만 어떤 고용인이 피고용인을 단순히 대체 가능한 것으로 여겨 수단화하는 행동을 한다면 우리는 그의 행동을 도덕적으로 비난합니다. 반면에 피고용인의 어려움을 살피는 고용인의 배려 있는 행동은 칭찬 받기도 합니다. 이러한 예는 고용주와 피고용자라는 정해진 관계에도 서로를 수단으로 대하는 것과 목적으로 대하는 것이 모두 가능함을 잘 보여 줍니다.

9강

도덕법칙의 입법자

진정한 자유인은 누구가?

Q-1

목적의 나라에서 구성원이 스스로 보편적 법칙을 수립할 수 있다면, 사람마다 보편적 법칙이 다를 수 있다는 것인가요? 그렇다면 그것이 보편적 법칙이 될 수 있는 것인가요?

Q-2

신神의 이성이 완전한 이성이고, 신에게서는 그 자체로 선한 의지가 아무런 강요 없이 행해질 수 있다면, 인간이 굳이 도덕적 행위를 위해 보편적 법칙을 수립할 필요가 있을까요? 신이 제공한 도덕적 원칙을 따르는 것으로 충분하지 않나요?

앞에서 말한 것을 근거로, 정치 상태를 통해 얻는 것에
도덕적 자유를 추가할 수 있을 것이다.
도덕적 자유만이 인간을 진정으로 자신의 주인으로 만든다.
왜냐하면 오로지 욕구에만 매달리는 충동은 노예 상태이고,
스스로 규정한 법에 복종하는 것은 자유이기 때문이다.

- 루소, 『사회계약론』

인간에게 자유의지는 존재할까? 철학의 오래된 난제다. 그럼에도 많은 철학자는 인간이 자유로운 존재임을 증명하려 애썼다. 영혼의 존재와 불멸을 믿든, 인간의 존엄과 도덕적 책임을 주장하든, 그들에게 인간의 자유의지는 필수적이었다.

오늘날의 과학은 인간의 자유의지를 부정하기도 한다. 몇몇 실험은 자유로운 선택으로 보이는 인간의 행동이 실상은 무작위적이거나 결정론적이라는 것을 증명하고 있다.[1] 이에 따르면 인간의 행동은 모두 물리적·화학적 작용으로 환원될 수 있는 뇌의 전기 신호일 뿐이다. 그런데 이러한 기계론적이고 결정론적인 입장은 현대 과학의 전유물만은 아니다. 고대의 원자론으로부터 근대의 과학혁명 시기까지 결정론적 세계관의 영향은 결코 적지 않았다.

인간에게 자유의지가 없다면 무엇이 문제일까? 자유의지를 부정하는 결정론적 세계관에는 어떤 문제가 있는 걸까? 대표적으로 숙명론fatalism을 들 수 있다. 내가 선택한 결정이 사실은 이미 짜여진 인과 관계의 결과물이라면, 내가 무엇을 결정하고 어떤 행동을 하든 나의 운명은 이미 정해져 있는 셈이다. 결정론은 결국 숙명론적 삶의 태도를 낳고, 이는 고대철학의 '게으른 논증argos logos'[2]과 같은 삶의 역설에서도 나타난다.

그런데 결정론의 더 큰 문제는 도덕의 영역에 있다. 인간의 행동이 자유로운 의지의 결과가 아니라면 그의 행동에 도덕적 책임을 물을 수 없기 때문이다. 만약 공중에서 떨어진 돌에 누군가 상해를 입었다면 과연 돌에게 그 책임을 물을 수 있을까? 돌에게 책임을 물을 수 없다면, 그것은 돌의 행동이 자유로운 의지에 의한 것이 아니라 중력에 의해 이미 결정된 것이기 때문이다. 타인을 해친 인간의 행동도 마찬가지다. 자유로운 의지의 결과가 아니라면, 그의 행동에 도덕적 책임을 물을 수 없을 것이다.

결정론의 이런 문제점을 어느 때보다 심각하게 받아들인 것은 근대의 철학자들이다. 이들은 당시 과학혁명의 빛나는 성과로 얻은 기계론을 거부할 수도 없었고, 그렇다고 인간의 오랜 도덕 체계의 전통을 버릴 수도 없었기 때문이다. 그렇기에 배타적으로 보이는 이들의 양립 가능성을 모색하는 것은 근대철학의 가장 중요한 과제였다.

칸트도 예외는 아니었다. 자연필연성에 의해 결정되는 '자연 세계'와 인간의 자유에 기반한 '도덕 세계'의 공존 가능성을 따져 보는 것은 칸트도 피할 수 없는 과제였다. 그렇기에 도덕성의 최상의 원리를 탐구하는 『도덕형이상학 정초』에서 칸트는 이 문제와 정면으로 부딪친다. 그리고 자신만의 해결책을 제시한다.[3] 그런데 이 해결책에 앞서 해명되어야 할 긴급한 문제가 있다. 바로 '자유'에 관한 것이다. 자유가 없는 곳에는 도덕법칙도 존재할 수 없기 때문이다.

과연 자유는 존재하는 걸까? 그래서 인간은 자유로운 의지를 가진 존재일까? 이런 의문에서 이번 강의는 출발한다. 이번 9강의 주제는 정언명령의 변형된 셋째 공식에 관한 것이다. 그런데 여기서 우리는 칸트가 생각한 진정한 '자유'의 의미를 만난다. 우리의 의문을 풀 열쇠는 바로 이 '자유' 개념에 있다.

변형된 셋째 공식은 앞선 두 공식에 비해 잘 알려지지 않았다. 하지만 칸트 윤리학을 설명하는 핵심이 여기 담겨 있다. 우리 이야기는 다시 '목적의 나라'로 돌아간다. 이 셋째 공식을 유도하는 과정에서 칸트가 제시했던 개념이 '목적의 나라'였기 때문이다. 기억을 위해 앞서 8강에서 언급했던 목적의 나라를 정리해 보자. 칸트는 목적의 나라를 다음과 같이 정의했다.[4] 목적의 나라는 도덕적 존재들의 공동체다. 즉 서로를 수단이 아닌 목적 그 자체로 대하라는 법칙을 지키는 구성원들의 국가다. 그리고 이 구성원들은 모두 '이성적 존재자'다. 본능이나 경향성을 따르지 않고 법칙에 따라 행위할 수 있는 능력은 이성에 있기 때문이다.

그런데 이들 구성원에게는 단순히 법칙을 지키는 것 외에 또 하나의 중요한 특징이 있다. '목적의 나라' 개념이 처음 등장하는 곳에서 칸트는 이렇게 말한다.

> "개개의 이성적 존재자는 자기 의지의 모든 준칙에 의해 보편적 법칙 수립자로 간주되어야만 하는데, 이는 자신과 자신의 행위들을 이 관점에서 판정하기 위해서다. 이성적 존재자의 이런 개념은 여기에 수반되는 매우 생산적인 개념, 즉 **목적들의 나라**라는 개념에 도달하게 된다."(『도덕형이상학 정초』 IV433)

여기에는 셋째 공식을 유도하는 중요한 근거가 제시된다. 이성적 존재자가 목적의 나라의 구성원이 된다는 것은, 단순히 그들이 이 나라의 법칙을 지키는 일원이기 때문만은 아니다. 그보다 더 중요한 것은 이들 각각이 스스로 보편적 법칙을 수립하는 자이기 때문이다. 이는 국회를 구성하고 있는 의원에 비유할 수 있다. 입법 기관으로서 국회의 구성원은 이들 각자가 입법부로서 법을 수립하는 역할을 한다. 마찬가지로 목적의 나라를 구성하는 이성적 존재자 각자는 스스로 보편적 법칙을 수립하는 자다.

그렇다면 왜 보편적 법칙을 수립하는 것이 목적의 나라 구성원이 되는데 필요한 걸까? 목적의 나라가 입법부도 아닐 텐데 말이다. 칸트는 그 이유를 이렇게 설명한다.

> “그러므로 도덕성은 모든 행위가 법칙 수립과 맺는 관계에서 성립하고, 이 법칙 수립을 통해서만 목적의 나라는 가능하다. 하지만 이 법칙 수립은 개개의 이성적 존재자 자체에서 만나져야 하고, 그의 의지에서 생겨날 수 있어야 한다.”(『도덕형이상학 정초』 IV434)

이유는 간단하다. 목적의 나라의 구성원에게 요구되는 도덕성이 바로 이 법칙 수립과 연관되어 있기 때문이다. 도덕성은 법칙 수립과 행위의 관계에서 성립한다. 달리 말하면 자신이 하는 모든 행위가 법칙을 수립하는 것에 관련되어야만 도덕적일 수 있다는 뜻이다. 법칙 수립은 도덕성을 이루는 본질이며, 이를 통해서만 목적의 나라를 유지할 수 있다. 그리고 이 법칙 수립은 목적의 나라의 구성원 각자의 의지에 따라 이루어져야 한다.

그렇다면 왜 이성적 존재자의 법칙 수립적인 행위에서만 도덕성이 성립하는 것일까? 사실 이성적 존재자의 이러한 특성은 최초의 정언명령에 이미 담겨 있던 내용이다. 칸트는 원래의 정언명령이 이미 함축하고 있던 내용을 여기서 명시적으로 드러내고 있는 셈이다. “너의 준칙이 동시에 보편적 법칙이 될 것을 의욕할 수 있도록 그렇게 행위하라.”라는 명령은, 결국 너의 의지의 모든 준칙을 보편적 법칙이 되게 하라는 것, 즉 보편적 법칙의 수립자가 되라는 것과 다르지 않다.

이제 칸트는 보편적 법칙 수립자로서의 이성적 존재자의 의지를 담은 셋째 공식을 제시한다. 앞서 인용한 텍스트에 이어지는 부분이다.

"그러므로 그 [이성적 존재자] 의지의 원리는 다음과 같다. 보편적 법칙이 되는 것을 통과할 수 있는 준칙에 따라서만, 그래서 오로지 **의지가 자신의 준칙에 의해 자기 자신을 동시에 보편적 법칙 수립자로 여길 수 있는** 그런 준칙에 따라서만 행위하라."(『도덕형이상학 정초』 IV434)

셋째 공식은 명령한다. 자신을 보편적 법칙을 수립하는 자로 여길 수 있는 그런 준칙에 따라서만 행위하라고. 달리 말하면, 자기 행동의 원칙으로 삼을 사적 준칙을 세우는 것이 동시에 보편적 법칙이 될 것을 세우는 것과 같게 하라는 것이다. 이렇게 하면 그는 이 준칙을 세우는 것으로 동시에 보편적 법칙을 수립하는 자가 되기 때문이다.

이렇게 정언명령의 변형된 공식 세 개를 모두 유도했다. 칸트는 앞서 두 공식에서 수행했던 검산 과정을 이번에는 생략한다. 대신 셋째 공식에 담긴 칸트 윤리학의 핵심에 집중한다. 그것은 '목적의 나라'를 매개로 계속된다.

"하지만 이성적 존재자가 목적의 나라에서 보편적 법칙을 수립하면서, 또한 이 법칙에 그 자신이 복종하고 있다면, 그는 이 나라에 **일원**으로 소속되어 있는 것이다. 만약 그가 법칙 수립자로서 그 어떤 다른 의지에도 복종하고 있지 않다면, 그는 이 나라에 **우두머리**로 소속되어 있는 것이다."(『도덕형이상학 정초』 IV433)

여기에는 목적의 나라를 구성하는 두 신분이 등장한다. 일반 성원과 우두머리인 왕이다. 같은 이성적 존재자이지만 이들은 서로 다른 신분으로 '목적의 나라'에 속한다. 가장 도덕적이고 평등해야 할 목적의 나라에 어떻게 신분이 존재할 수 있을까? 여기서 우리가 잊지 말아야 할 것이 하나 있다. 칸트의 논의에서 '이성적 존재'는 인간만을 뜻하지 않는다. 어떤 존재가 이성적이라면 그 무엇이든 이성적 존재일 수 있다. 물론 칸트가 여기서 염두에 두고 있는 것은 '신神'이다. 근대철학의 관점에서 가장 완벽한 이성을 가진 존재는 신이기 때문이다.

'목적의 나라'에서 우두머리는 신을, 일반 성원은 인간을 의미할 것이다. 그런데 이런 구별은 왜 필요했을까? 그것은 자기 이론의 핵심 개념들을 비유를 통해 더 쉽게 설명하기 위함이었다. 셋째 공식을 제시했던 곳에서 칸트는 '의무' 개념이 목적의 나라에서 어떻게 주어질 수 있는지를 설명하는데, 여기서 그는 이 비유적 상황을 다음과 같이 활용한다.

"그런데 준칙이 보편적 법칙 수립자인 이성적 존재자의 객관적 원리와 본성상 이미 필연적으로 일치하지 않는다면, 저 원리에 따른 행위의 필연성은 실천적 강요, 즉 **의무**라 불린다. 의무는 목적의 나라에서 우두머리에게는 부여되지 않지만, 모든 일원 각자에게는 동일한 정도로 부여된다."(『도덕형이상학 정초』 IV434)

여기에서 의무는 일원에게만 있고 우두머리에는 적용되지 않는다. 왜일까? 목적의 나라가 불평등한 나라이기 때문일까? 그건 아니다. 여기에는 인간의 유한성에 대한 칸트의 통찰이 들어 있다. 비록 이성적 존재라 하더라도 인간은 이성의 명령만 따르는 완벽한 존재가 아니다. 어쩌면 인간의 의지는 이성의 명령보다 욕구와 경향성을 따르려는 힘이 더 강할지 모른다. 인간의 의지에서는 자신의 사적 준칙이 보편적 법칙 수립적이어야 하는 원칙과 본성상 필연적으로 일치할 수 없다. 그렇기에 객관적 원칙에 따라 반드시 행위해야 하는 것은 인간의 의지에게는 일종의 강요이고 의무다. 당연히 신의 의지는 그 자체로 선하기에 신의 사적 준칙은 도덕적 원칙과 어긋날 일이 없고, 따라서 굳이 그 실천이 강요나 의무로 부여될 일은 없을 것이다.

이 비유에는 정언명령의 본질을 이해하는 중요한 핵심이 들어 있다. 정언명령이 어떻게 이성적 존재에게 명령으로 다가올 수 있을까? 다시 말해 왜 정언명령을 따르는 것이 '의무'로 주어질 수 있을까? 이는 칸트 윤리학이 성립하기 위해 답해야 할 핵심 질문 중 하나다. 목적의 나라에서 구성원이 갖는 서로 다른 신분은 인간의 유한한 의지에 주어지는 도덕적 명령의 가능성을 설명하기 위한 친절한 비유다.

이제 우리의 처음 질문으로 돌아가자. 과연 인간의 의지는 자유로울까? 목적의 나라 비유에서 인간의 의지에는 강요와 의무는 있어도 자유는 없어 보인다. 정언명령이 명령인 까닭은 본성상 객관적 원칙과 일치하지 않는 우리의 의지에 도덕적 행위를 강요하기 때문이고, 따라서 거기에는 자유로운 선택의 가능성은 없다. 그렇다면 칸트 윤리학에서 자유의 자리는 없는 걸까?

그렇지 않다. 칸트 윤리학은 자유에 뿌리를 두고 있다. 자유 없이 칸트 윤리학은 성립할 수 없다. 그렇기에 칸트는 2절Zweiter Abschnitt을 마무리하며 '의지의 자율성'이 '도덕성의 최상 원리'라고 말한다.[5] 그렇다면 목적의 나라에서 도덕적 명령을 따르는 구성원에게 자유는 어디에 있는 것일까? 이 도덕적 의무에 매여 있는 자에게 어떻게 자유가 가능할까?

사실 이 질문의 답은 이미 주어져 있었다. 그것은 이 목적의 나라 개념에 이미 숨어 있기 때문이다. 앞서 목적의 나라 구성원의 신분을 설명한 텍스트를 다시 보자.

> "하지만 이성적 존재자가 목적의 나라에서 보편적 법칙을 수립하면서, 또한 이 법칙에 그 자신이 복종하고 있다면, 그는 이 나라에 **일원**으로 소속되어 있는 것이다. 만약 그가 법칙 수립자로서 그 어떤 다른 의지에도 복종하고 있지 않다면, 그는 이 나라에 **우두머리**로 소속되어 있는 것이다."(『도덕형이상학 정초』 IV433)

목적의 나라 구성원, 즉 이성적 존재자 모두는 보편적 법칙을 수립하는 자다. 그런데 이들을 일원과 우두머리로 구별하는 차이가 있다. 바로 이 법칙에 대한 복종 여부다. 우두머리는 법칙을 수립하는 그 어떤 의지에도 복종하지 않지만, 일원은 수립된 법칙에 복종해야 한다. 그렇기에 우두머리인 신의 의지는 당연히 자유로운 의지이지만, 일원인 인간의 의지에는 자유가 없어 보인다. 그런데 바로 여기에 답이 있다. 자유가 없어 보이는 인간의 의지가 칸트가 말하는 진정한 자유로운 의지이기 때문이다.

다시 텍스트를 읽어 보자. '목적의 나라'에서 인간은 어떻게 그 나라의 일원이 될 수 있는가? 목적의 나라에서 일원은 보편적 법칙을 수립하면서 동시에 그 법칙에 복종하는 자다. 즉 자신이 스스로 법칙을 수립하고 그 법칙에 스스로 복종하는 자다. 칸트는 자유가 바로 이러한 일원의 행위에 있다고 보았다. 칸트가 생각한 자율의 핵심은 물론 스스로 법칙을 세우는 것이다. 타인에 의해 주어진 법칙을 따라야 하는 자에게 자유는 없다. 그러나 스스로 세운 법칙을 따르는 행위는 자유로운 행위다.

사실 칸트가 자유에 대해 이런 생각을 갖게 된 것은 루소Jean-Jacques Rousseau의 영향으로 보인다. 그는 평소 깊은 존경심을 표했던 루소의 책을 열심히 읽었던 것으로 알려져 있다. 1762년 출간된 루소의 『사회계약론*Du Contrat Social ou Principes du droit politique*』도 그중 하나다. 이 책은 곧바로 독일어로 번역되었는데 여기에는 칸트 윤리학에 결정적 영향을 끼친 핵심 개념이 들어 있다.[6] 바로 '도덕적 자유'다.

> "앞에서 말한 것을 근거로, 정치 상태를 통해 얻는 것에 도덕적 자유를 추가할 수 있을 것이다. 도덕적 자유만이 인간을 진정으로 자신의 주인으로 만든다. 왜냐하면 오로지 욕구에만 매달리는 충동은 노예 상태이고, 스스로 규정한 법에 복종하는 것은 자유이기 때문이다."[7]

인용한 텍스트는 루소의 『사회계약론』에 나오는 구절이다. 여기에는 사회계약론의 역설을 푸는 루소만의 해결책이 숨어 있다. 그렇다면 '사회계약론의 역설'과 루소의 해결책은 무엇일까? 그리고 이것이 칸트 윤리학에 끼친 영향은?

"인간은 계약을 통해 자연 상태에서 정치 상태로 이행한다." 모든 사회계약론자들의 공통된 주장이다. 자연 상태에 대한 정의와 이행할 정치 상태의 조건은 달라도 계약을 통해 이루어진다는 점은 동일하다. 그리고 여기에 추가되는 또 하나의 공통점이 있다. 계약의 주체는 모두 자유로운 존재라는 점이다. 이로부터 '계약'의 필요성이 생겨난다. 자유로운 존재, 그래서 자신의 자유를 추구하는 존재, 이런 존재들의 무한한 자유 추구는 서로의 자유를 침해할 수 있다. 그렇기에 자유로운 존재들이 모여 자신의 자유를 보장받기 위해 서로의 자유를 제한할 수 있도록 하자는 것, 이것이 계약의 정신이다.

따라서 이 계약은 '자유를 위해 자유를 제한해야 한다'는 역설을 생래적으로 포함한다. 자유를 제한하는 계약에 묶여 있는 자, 그래서 결국 자신의 자유가 제한되는 자를 우리는 자유롭다고 할 수 있을까? 만약 이들을 자유롭다고 할 수 없다면, 그래서 자유롭지 않은 자들이 모여 계약을 한 것이라면, 그 계약은 성립할 수 없다. 계약의 당사자는 자유로운 존재라는 것이 애초에 계약이 성립하기 위한 조건이었기 때문이다.

인용한 구절에서 루소가 제안한 '도덕적 자유'가 이 역설을 푸는 열쇠다. 사회적 계약은 자유인이 스스로 법을 정하고 그 법에 복종하겠다는 약속이다. 그런데 루소는 이 계약에 담긴 약속 자체를 자유로 정의한다. 그에 따르면 자유는 자신이 정한 법에 스스로 복종하는 것이기 때문이다. 따라서 사회계약에 참여하는 인간의 행위는 자유로운 행위다. 비록 그가 지켜야 할 법이 있고 이 법에 종속되어 있더라도 그는 자유로운 존재일 수 있다. 그가 따라야 할 법이 타자에 의해 주어진 것이 아니라면, 그 법이 스스로 복종을 약속한 자신이 정한 법이라면, 거기에 복종하는 것은 자유로운 행위다. 스스로 결정하고 그 결정을 따를 수 있는 자는 자신에 대한 주인이며 자유인이기 때문이다. 바로 이 '도덕적 자유'가 인간을 노예가 아닌 진정한 자유인이 되게 하는 것이다.

칸트의 '목적의 나라'에서 이성적 존재자는 보편적 법칙을 수립하며, 동시에 이 법칙에 복종하는 존재다. 그러나 이 복종은 자유 없는 노예의 복종이 아니다. 그것은 스스로 수립한 법을 따르는 자유인의 복종이다. 그렇기에 목적의 나라에서 모든 이성적 존재자는 자유인이다. 욕망에 지배되는 삶, 경향성에 굴복하는 삶은 결코 자유인의 삶이 아니다. 그것은 충동에 매인 노예의 삶이다. 자유인의 삶은 이성의 명령을 따르는 삶이다. 보편적 법칙의 입법자로서 스스로 그 법을 따르는 삶, 그런 삶만이 도덕적이며 진정한 자유인의 삶이다.

인간은 자유로운 존재일까? 우리의 처음 질문이었다. 칸트는 자유가 존재함을 증명하지 않는다. 하지만 우리가 어떻게 자유로운 존재가 될 수 있는지 알려 준다. 자유는 도덕 세계의 필요 조건이다. 보이지 않는 이 자유의 공기 없이 도덕은 숨을 쉴 수 없기 때문이다. 우리가 도덕적 존재일 수 있는 것은 우리에게 '도덕적 자유'가 있기 때문이다. 루소의 '도덕적 자유'는 이렇게 칸트 윤리학의 유산으로 남았다.

---

1 유발 하라리, 『호모 데우스』, 김명주 옮김, 김영사, 2023, 386-419쪽 참조.

2 숙명론으로 이르는 결정론의 문제점은 고대의 '게으른 논증'에서 잘 드러난다. 이에 따르면 우리는 아무것도 안 하거나, 아무 걱정 없이 현재의 쾌락을 위한 충동만을 따르는 삶을 살아도 된다. 미래는 필연적으로 정해져 있기에 내가 무엇을 하든지 일어날 일은 일어날 것이기 때문이다. 철학자 라이프니츠(G. W. Leibniz)는 자신의 저서 『변신론』에서 결정론과 관련하여 이 문제를 다루고 있다(고트프리트 빌헬름 라이프니츠, 『변신론』, 이근세 옮김, 아카넷, 2014, 17쪽).

3 이 해결책에 대한 이야기는 10강에서 다룰 우리의 다음 주제다.

4 『도덕형이상학 정초』 IV433: "이성적 존재자는 모두 각자가 자기 자신과 다른 모든 사람을 결코 한낱 수단이 아니라 언제나 동시에 목적 그 자체로 대해야 한다는 법칙 아래에 놓여 있기 때문이다. 그런데 이로부터 공동의 객관적 법칙들에 의한 이성적 존재자들의 체계적 결합, 즉 하나의 나라가 생겨난다. 이 나라는 그 법칙들이 바로 이성적 존재자들 서로가 목적과 수단이라는 관계를 의도하기 때문에 목적들의 나라(물론 단지 이상일 뿐이지만)라고 불릴 수 있다."

5 칸트는 2절을 마치며 세 개의 소제목을 붙여 논의를 정리한다. "도덕성의 최상 원리로서 의지의 자율"(IV440)은 그 첫 번째 소제목이다.

6 독일어 번역판은 이듬해인 1763년에 출판되었다(Rousseau, J. J., *Der Gesellschaftliche Vertrag, oder die Grundregeln des allgemeinen Staatsrechts, mit des Herrn Hofraths Geigers Anmerkungen*, Marburg, 1763).

7 장 자크 루소, 『사회계약론』, 김영욱 옮김, 후마니타스, 2018, 30쪽.

A-1

구성원 모두가 스스로 보편적 법칙을 수립할 수 있다고 해서 그 법칙이 주관적이 되는 것은 아닙니다. 물론 각자가 자신의 사적 준칙이 보편적 법칙이 될 수 있는지를 검토하는 것이 정언명령의 핵심이라는 점에서 서로 다른 법칙이 생겨날 수 있습니다. 하지만 이 사적 준칙이 도덕적 가치를 갖기 위해서는 다른 모두에게 타당할 수 있는 보편성을 가져야 한다는 점에서 이는 보편적 법칙이 됩니다. 한 국가에서 다양한 입법 의원들이 서로 다른 법안을 만들어도 그 법은 나라 전체에서 효력을 갖는 보편적 법이 되는 것과 마찬가지입니다.

A-2

신의 의지는 선하기에 그의 뜻에 따른 모든 행위는 도덕적으로 선하다는 것은, 칸트가 이성에 따른 도덕적 행위의 선함을 설명하기 위한 일종의 비유입니다. 물론 칸트도 완벽한 이성으로서의 신을 가정하고 있지만, 그것이 기독교에서 말하는 인격신, 즉 인간의 역사에 직접 개입하여 상과 벌을 내릴 수 있는 신을 뜻하는 것은 아닙니다. 칸트는 도덕적 선이 인간의 이성을 통해 어떻게 성립할 수 있는지를 보이고자 합니다. 그런 점에서 신이 제공한 원칙을 따르는 것은 칸트에게서 도덕적 선이 될 수 없습니다.

10강

두 세계世界

'아브락사스', 누구의 이름인가?

Q

지성세계가 감성세계에 대해 우위를 갖는다면, 칸트는 결국 감각이나 보이는 세계의 불완전성을 말하는 것인가요? 지성세계가 감성세계의 근거라는 것은 어떤 의미인가요?

새는 알을 깨고 나오려 투쟁한다.
알은 세계다.
태어나려는 자는 한 세계를 깨트려야 한다.
새는 신을 향해 날아간다.
신의 이름은 아브락사스다.

- 헤르만 헤세, 『데미안』[1]

'이중생활二重生活', 왠지 부도덕해 보이는 말이다. 일관되지 못한 삶에 우리 시선은 차갑다. 동시에 서로 다른 세계에 발붙이는 것, 그래서 여러 정체성으로 살아가는 것, 그것은 비도덕적이며 때론 병리적이다. 이를 우리는 이중인격, 해리성 정신장애라 부른다.

헤세Hermann Hesse의 소설 『데미안』에서 주인공 싱클레어는 어린 시절을 회상한다. 기억 속 그는 두 세계에 살고 있다. 부모의 그늘이 만드는 선하고 밝은 세상과 죄책감과 불안이 가득한 어두운 세상을 동시에. 그런데 이중의 삶은 그만의 것이 아니었다. 가정부 리나도, 어쩌면 밝은 세상을 만들어 준 부모님조차도, 그렇게 그가 기억하는 모두는 두 세계에 살고 있었다.

"가장 이상했던 점은 두 세계가 서로 맞닿아 있고, 두 세계가 너무 가까이 함께 있다는 사실이었다. 예컨대 우리 집 가정부 리나는 저녁 기도 때 거실 문가에 앉아 단정한 앞치마에 깨끗이 씻은 손을 올려놓고 맑은 목소리로 찬송가를 불렀는데, 그때 그녀는 아버지와 어머니가 있는 우리의 세계, 밝고 진실한 세계에 속했다. 하지만 부엌이나 헛간에서 내게 머리 없는 난장이 이야기를 들려주거나 작은 푸줏간에서 이웃집 여인들과 싸울 때면 그녀는 다른 사람이 되었고, 비밀에 싸인 다른 세계에 속했다. 그런데 모두가 그랬고, 특히 내가 그랬다. 분명 나는 내 부모님의 자녀였고, 밝고 올바른 세계에 속했다. 하지만 눈과 귀를 어디로 돌려도 그곳에는 다른 세계가 있었다. 나는 다른 세계에서도 살고 있었다."[2]

싱클레어에게 성장은 자기 세계를 깨는 것이었다. 이를 위해 그는 깨달아야 했다. 자신이 어떤 세계에 살고 있었는지. 자신이 살았던 두 세계가 무엇이었는지. 그렇다. 두 세계의 삶이 꼭 부정적인 것만은 아니다. 소설 속 주인공이 그랬듯, 이러한 인식으로 자아를 발견하고 진정한 성장을 낳을 수 있기 때문이다.[3]

두 세계, 그리고 그 속에서의 삶이 우리 마지막 10강의 주제다. 가장 부도덕해 보이는 이중의 삶이 사실은 칸트가 제시한 도덕적 삶의 모습이다. 이 아이러니한 삶의 태도로 칸트는 자신의 도덕철학의 마지막 퍼즐을 완성하려 한다. 운명처럼 주어진 십자가에서 칸트 철학을 구해 줄 마지막 퍼즐 조각을 말이다.

'선의지'에 관한 놀라운 선언으로 시작한 칸트의 『도덕형이상학 정초』도 어느덧 막바지에 이르렀다. 머리말에서 처음 밝혔던, 도덕성의 최상의 원리를 찾아 확정하겠다는 그의 목표가 멀지 않았다.[4] 1절과 2절을 통해 도덕성의 최상의 원리가 '정언명령'이어야 함을 찾아냈다면, 이제 이를 최상의 원리로 확정하기 위한 절차만 남았다. 이 원리의 정당화 작업이 3절Dritter Abschnitt[5]에서 칸트가 수행한 과제다.

지금까지의 논의는 '도덕성의 최상의 원리'가 무엇인지 탐색하는 것이었다. 이제는 찾아낸 그 원리, 즉 정언명령이 실제로 효력을 갖는지가 문제다. 우리가 이 원리에 복종해야 하는 이유를 규명하는 것, 다시 말해 이 원리가 우리의 의지를 결정할 수 있는지를 증명하는 일이 남았다. 칸트의 이러한 문제의식은 다음 텍스트에 잘 드러난다.

> "그러나 도대체 왜 나는 이 원리에 복종해야만 하며, 그것도 이성적 존재 일반으로서 그래야만 하는가, 그러니까 그로 인해 이성을 가진 다른 모든 존재자도 그래야만 하는가? 나를 이렇게 하도록 **강요하는** 것이 그 어떤 관심도 아님을 나는 인정하려 한다. 왜냐하면 관심은 아무런 정언명령도 주지 못할 것이기 때문이다."(『도덕형이상학 정초』 IV449)

그런데 이 명령에 따라야 하는 이유를 '관심Interesse'[6]에서 찾을 수는 없었다. 만약 우리 의지가 '관심'으로 인해 어떤 행위를 하려고 한다면, 그 행위의 필연성은 정언적 명령으로 주어진 것이 아니기 때문이다. 명령이 정언적으로 주어진다는 것은 가언적 명령과 달리 아무 조건 없이 그 행위를 명령한다는 것이다. 그렇다면 우리 의지는 왜 이 명령을 따라야 할까? 우리 의지가 이 명령이 지시하는 행위에 아무런 '관심'도 없는데 우리는 왜 이 행위를 반드시 해야 할까?

이 물음에 관한 한 지금까지의 논의에서는 아무런 성과도 없었음을 칸트는 인정한다.[7] 정언명령이 가능하기 위해 우리 의지가 자유로워야 한다는 것, 그래서 우리의 의지가 도덕법칙의 입법자여야 한다는 것이 확실하다고 해서, 이 정언명령이 실제로 존재한다는 것과 우리가 이 명령에 반드시 복종해야 하는 필연성이 따라 나오는 것은 아니기 때문이다. 오히려 여기에는 벗어나기 힘든 일종의 '순환논증'이 숨어 있다고 칸트는 말한다.[8]

칸트가 말하는 빠져나올 수 없을 것 같은 '순환Zirkel'은 무엇일까? 지금 문제는 "우리가 왜 정언명령을 반드시 따라야 하는가?"이다. 즉 우리가 왜 도덕법칙에 복종해야 하는지를 설명해야 하는 것이었다. 그런데 지금까지 논의에서는 이를 다음과 같이 설명했다. 우리가 설명해야 할 것은 우리가 도덕법칙에 복종하는 존재라는 것인데, 이를 위해서 우리는 자유로워야 한다. 그런데 우리가 자유롭다는 것은 우리가 도덕법칙의 질서에서 법칙을 수립하는 자율적 존재이기 위해 전제되는 것이다. 즉 우리가 법칙을 수립하고 거기에 복종하는 질서 속 존재이기 때문에 자유로운 것이다.

결국 이러한 설명은 일종의 '순환논증'이다. 하나가 다른 것을 설명하고, 그것이 다시 처음 것을 설명하는 식이다.[9] 그렇다면 이런 논리적 오류를 범하지 않고 정언명령의 실천적 필연성을 설명할 다른 방도는 없는 걸까?

> "그러나 우리에게는 아직 하나의 방책이 남아 있다. 즉 우리가 자유에 의해 우리를 선험적으로 작용하는 원인으로 생각할 때는, 우리 자신을 우리 행위들과 관련해 눈앞에서 보는 결과로서 표상할 때와는 다른 입장을 취하는 것은 아닌지 탐구해 보는 일이 남아 있다."(『도덕형이상학 정초』 IV450)

칸트는 하나의 '방책Auskunft'을 말한다. 순환에 빠지지 않은 채 정언명령의 가능성을 설명할 방법이다. 그것은 다음과 같다. 혹여 우리 자신이 두 개의 서로 다른 입장에 처해 있는 것은 아닌지 생각해 보는 것이다. 즉 우리가 스스로를 '원인'으로 여길 때와 '결과'로 생각할 때 같은 입장에 놓여 있는지, 아니면 다른 입장에 처해 있는지를 살펴보자는 말이다.

우리는 스스로를 '원인'으로 여길 때가 있다. 이 경우는 자신을 자유로운 의지를 가진 존재로서 무엇을 시작할 수 있는 존재라고 생각하기 때문이다. 하지만 다른 한편으로 우리는 자신을 '결과'로 생각할 수도 있다. 이때는 관찰할 수 있는 나의 행위가 다른 원인에 의해 야기된 것으로 파악하는 경우다. 그렇다면 이처럼 동일한 '나'를 원인으로 간주할 때와 결과로 바라볼 때, 우리는 동일한 입장일까? 만약 다르다면 '나'에 대한 이러한 입장의 차이는 어떻게 생겨난 것일까? 그리고 이런 입장의 차이가 어떻게 지금의 문제를 해결하는 방책이 될 수 있을까?

이 질문에 답하려면 먼저 인용문에서 '입장을 취한다'로 옮긴 단어의 의미를 분명히 해야 한다. 칸트는 여기서 'Standpunkt einnehmen'이라는 표현을 사용한다. 이 말을 글자 그대로 옮기면, '서 있는 장소Standpunkt'를 '차지한다einnehmen'는 말이다. 즉 특정 영역을 차지한다는 의미다. 그렇다면 칸트가 요구한 것은 우리가 자신을 원인으로 생각할 때와 결과로 생각할 때 서로 다른 영역을 차지하고 있는 것은 아닌지 확인해 보라는 말로 이해할 수 있다. 즉 우리가 경우에 따라 서로 다른 영역에 속해 있을 수 있다는 뜻이다.

로마에서는 로마법을 따라야 한다는 말이 있다. 만약 우리가 로마라는 영역을 차지하고 있어서 그에 속해 있는 로마의 시민이라면, 로마 시민으로서의 입장을 취해야 할 것이다. 이처럼 우리가 어떤 영역에 속해 있는지에 따라 취해야 하는 입장이 달라지는 것이다. 따라서 여기서 서로 다른 입장을 취하는 것은 결국 서로 다른 영역에 속해 있다는 사실에서 생겨나는 것이다.

그렇다면 우리가 다른 입장을 취해야 할 영역은 무엇일까? 칸트는 이어서 그 두 영역이 무엇인지 알려 준다. 그것은 바로 '감성세계 Sinnenwelt'와 '지성세계Verstandeswelt'다.

"이것이 거칠게라도 **감성세계**와 **지성세계**를 구별하지 않을 수 없게 한다. 그중에서 감성세계는 다양한 세계관찰자가 지닌 감성의 차이에 따라 매우 상이할 수 있지만, 이것의 근저에 놓인 지성세계는 언제나 동일한 것으로 남아 있다."(『도덕형이상학 정초』 IV451)

인용문에서 말하는, 거칠게라도 두 세계의 구별을 강요한 "이것"은 무엇일까? 그것은 바로 칸트의 이분법적 철학이다. 인용한 구절 앞에는 '현상Erscheinung'과 '사물 자체Ding an sich'에 관한 설명이 등장한다. 이는 칸트 인식론의 대표적 이분법이다. '현상'은 우리가 인식할 수 있는 대상이다. 반면에 '사물 자체'는 이 현상을 가능하게 했지만 우리가 인식할 수 없는 그 무엇이다.

예를 들어 3D 영화를 보는 상황을 생각해 보라. 우리가 3D 안경을 낀 채 스크린을 보면 우리는 3차원의 세상을 경험한다. 그러나 3차원의 세상은 우리가 경험한 세상일 뿐이다. 3D 안경을 벗으면 실제 스크린에는 2차원의 어지러운 이미지만 존재한다. '현상'은 우리가 안경을 끼고 경험한 영화 속 3차원 세상과 같은 것이다. 이 영화 속 세상의 진짜 모습은 스크린 속 2차원의 이미지다. 이 알 수 없는 스크린의 모습이 '사물 자체'다. 우리는 감각기관이라는 3D 안경을 영원히 벗을 수 없기에 안경 밖 세상을 알 수 없는 것이다.

결국 우리가 경험할 수 있는 세상은 '현상'일 뿐이고, '사물 자체'는 비록 우리가 그것을 사유할 수는 있어도 경험할 수는 없는 세상이다. 인식론에서의 이 구별이 지금 두 세계의 구별을 강요하고 있는 것이다. '현상'의 세계인 '감성세계'와 '사물 자체'의 세계인 '지성세계'로의 구별을 말이다.

'감성세계'와 '지성세계', 사실 이 두 세계는 앞서 우리가 7강에서 보았던 칸트 철학의 십자가였다. '별이 빛나는 하늘'과 '도덕법칙'으로 상징되는 두 세계는 칸트가 평생을 바쳐 완성하려던 두 형이상학의 고유한 자리다. 칸트는 지금 이 두 세계를 통해 순환의 문제를 해결하려고 한다. 그래서 정언명령이 어떻게 우리의 의지를 결정할 수 있는지, 즉 우리에게서 정언명령이 어떻게 가능한지를 설명하는 과제를 말이다.

인간은 두 개의 다른 세계에 속한 존재다. 그리고 이 두 세계는 인간에게 각자의 영역에 걸맞은 태도를 요구한다. 그곳은 서로 다른 법칙이 지배하는 독립적 세계이기 때문이다.[10] '감성세계'는 자연의 법칙이 다스리는 곳이다. 따라서 여기에 속한 모든 존재는 자연의 법칙을 따라야 한다. '지성세계'는 자유의 법칙이 작동하는 곳이다. 따라서 여기에 속한 존재는 이성에 기반을 둔 법칙을 따라야 하고, 자연의 법칙에 매여 있는 것처럼 행동해서는 안 되는 것이다. 그렇다면 이러한 입장의 차이가 정언명령의 가능성을 어떻게 설명할 수 있는 것일까?

> "우리가 자유롭다고 생각할 때면, 우리는 자신을 지성세계의 일원으로 놓고, 의지의 자율을 그 자율의 결과인 도덕성과 함께 인식하지만, 우리가 의무를 짊어지고 있다고 생각할 때는, 우리를 감성세계에 속하면서도 동시에 지성세계에 속하는 자로 여기고 있다는 것을 이제는 우리가 알기 때문이다."(『도덕형이상학 정초』 IV453)

이 구절은 두 세계의 서로 다른 입장이 우리가 빠져나올 수 없을 것 같던 순환을 벗어날 방책이었음을 알려 준다. 또한 여기에는 정언명령이 어떻게 가능한지에 대한 답도 함께 들어 있다. 그것은 이중의 삶이다.

우리는 두 세계를 동시에 살고 있으며, 그곳에서 각각 다른 정체성으로 살아간다. 지성세계에서 우리의 정체성은 자유로운 존재다. 그곳에서 우리는 스스로 법칙을 수립하는 자율과 도덕성을 인식한다. 하지만 감성세계에서 우리의 정체성은 다르다. 여기서는 의무가 주어진 존재, 그래서 그 의무에 반드시 따라야 하는 존재다. 그렇다면 순환논증의 문제는 해결되었다. '우리가 도덕법칙을 따라야 하는 것'과 '우리가 자유롭다는 것'은 서로 다른 정체성에서 생긴 태도의 차이지, 하나가 다른 하나를 설명하기 위해 서로를 전제하는 순환은 아니게 된다.

또한 이 이중의 정체성이 정언명령의 가능성을 설명해 준다. 즉 어떻게 도덕법칙으로서의 명령이 생겨나고, 왜 이것은 우리 의지에 명령으로 주어지는지를 말이다. 칸트는 정언명령의 가능성을 이렇게 설명한다.

> "그렇기에 정언명령은 다음에 의해 가능하다. 즉 자유의 이념이 나를 지성세계의 일원이 되게 하고, 이로써 내가 그 일원이기만 하면, 나의 모든 행위는 언제나 의지의 자율에 합치하게 **될** 것이지만, 나는 동시의 나를 감성세계의 일원으로 보기 때문에, 의지의 자율에 합치해야**만** 하는 것이다. [...]"(『도덕형이상학 정초』 IV454)

우리가 지성세계의 일원이라면, 우리의 의지는 법칙을 수립하는 의지다. 그리고 우리가 순전히 지성세계의 구성원으로 머물 수 있다면 우리의 모든 행위는 스스로 법칙을 수립하는 의지에 완전히 합치하게 될 것이다. 즉 지성세계의 일원으로서 우리 행위는 의지의 자율에 언제나 합치하게 될 것이고, 지성세계의 이러한 상황을 강조하기 위해 칸트는 원문에서 '**될**'이라는 단어를 굵은 글씨로 표현하고 있다.

하지만 우리는 동시에 감성세계에 속해 있다. 감성세계의 일원으로서 우리 행위는 욕구와 경향성의 영향 아래 자연법칙을 따른다. 따라서 타율의 원리에 합치하는 것으로 여겨진다. 그렇기에 감성세계의 구성원인 우리에게 지성세계에서 우리 의지가 수립한 법칙은 일종의 강요이자 명령으로 주어진다. 지성세계에서 수립한 법칙은 자연법칙에 따르는 우리의 본능과 경향성에 반하는 행위를 반드시 행할 것을 요구하기 때문이다. 감성세계의 이러한 상황은 칸트가 굵은 글씨로 쓴 '**만**'이라는 단어가 잘 보여 준다.

결국 정언명령은 두 세계의 일원이라는 우리의 서로 다른 입장에서 비롯된 것이다. 지성세계에서 우리는 법칙을 수립하는 자다. 여기서 도덕적 행위의 필연성은 그 어떤 조건도, 관심도 필요 없이 **정언적으로** 주어진다. 그러나 감성세계에서 이 행위의 필연성은 우리의 욕구들과 경향성을 거스르고 반드시 해야 할 **명령으로** 주어진다. 이처럼 우리가 동시에 두 세계의 일원이기에 정언명령은 가능하다.

그렇다. 우리는 두 세계를 살고 있다. 자연법칙의 지배를 받는 현실의 세계와 도덕법칙에 복종하는 목적의 나라를 동시에. 이 이중의 삶이 칸트 윤리학을 순환의 혐의에서 벗어나 정언명령의 가능성을 열어 준다. 동시에 이것은 칸트 철학을 운명의 십자가에서 구해줄 방책으로 보인다. 적어도 이 책을 쓰고 있는 1785년의 칸트는 그렇게 믿었다. '자연'과 '자유'가 모순 없이 공존하는 자신의 철학 체계가 가능하다고.[11]

그런데 동일한 인간의 한 행위를 자연과 자유라는 서로 다른 개념으로 모순 없이 설명하는 것이 어떻게 가능할까? 그러니까 이 이중의 삶을 정체성의 분열 없이 우리는 어떻게 살아갈 수 있을까? 칸트는 우리의 이중적 삶의 태도가 모순 없이 가능함을 당연하게 받아들인다.[12] 만약 우리가 모순 없이 하나의 사물을 생각할 수 있다면, 즉 그 사물이 경험 가능한 '현상'으로서는 자연법칙에 종속해 있지만, 이 동일한 사물이 '사물 그 자체'로서는 그 자연법칙에 독립해 있다고 생각할 수 있다면, 인간의 행동에 대해서도 마찬가지일 수 있다는 것이다.

이와 같은 모순 없는 이중의 삶을 어쩌면 칸트는 초기 기독교인들에게서 보았을지 모른다. 그들은 로마의 박해와 핍박에도 하나님 나라를 믿고 살았던 이들이다. 비록 자신들의 육신은 로마의 법을 지키고 살지만, 마음으로는 그들이 다른 나라의 백성임을 잊지 않았다. 그렇기에 그들은 보이지 않는 나라의 법인 신의 율법을 누구의 강요도 없이 스스로 지키며 살았고, 그로 인한 고난과 핍박을 피하지 않았다. 율법을 지키는 삶이 때론 현실에서 로마법을 어기는 결과를 낳았지만, 이들은 결코 이런 이중의 삶을 불가능한 것이나 모순으로 받아들이지 않았다. 이성의 명령을 따르는 도덕적 존재 역시 마찬가지다. 그가 지성세계가 요구하는 도덕법칙을 따르기 위해 감성세계에서 자신의 이익과 경향성에 반하는 행위를 아무런 모순 없이 행할 수 있는 이유는, 바로 이 이중적 삶의 태도에 있다.

그렇지만 두 세계에도 우열은 존재한다. 비록 모순 없이 두 세계를 동시에 살 수 있어도, 이들에 대한 우리의 소속감이 같을 수는 없다. 로마법과 하나님의 율법이 충돌할 때 양쪽을 반반씩 따를 수는 없기 때문이다. 설령 자신을 사자 굴로 내몰더라도, 하나를 택하여 따른다는 것은 자신이 선택한 세계의 질서가 훨씬 더 의미 있고 중요했기 때문이었을 것이다. 다음 텍스트에는 칸트가 더 중요하게 생각하는 세계가 무엇인지와 그 이유가 등장한다.

> "그러므로 순전히 지성세계 일원으로서 나의 모든 행위는 순수 의지의 자율의 원리에 완전히 합치할 것이다. 그러나 순전히 감성세계의 일부로서 나의 행위들은 욕구와 경향성의 자연법칙에, 그러니까 자연의 타율에 알맞게 취해질 수밖에 없을 것이다(전자는 도덕성의 최상 원리에 근거하고, 후자는 행복의 원리에 근거한다). 하지만 **지성세계는 감성세계의 근거를, 그러니까 감성세계의 법칙도 포함하고 있고**, 따라서 (전적으로 지성세계에 속하는) 나의 의지와 관련해서는 직접적으로 법칙 수립적이고, 그래서 또한 그렇게 생각되어야만 한다. 그렇기 때문에 나는 지성적 존재자로서 나 자신을, 비록 다른 한편에서는 감성세계에 속한 존재자로 인식하지만, 지성세계의 법칙에 복종하는 자로 인식한다. 다시 말해 자유의 이념 중에서 지성세계의 법칙을 포함하고 있는 이성의 법칙에, 그러니까 의지의 자율에 복종하는 자로 인식한다. 결과적으로 나에게는 지성세계의 법칙들은 명령으로, 이 원리에 합치하는 행위들은 의무로 여겨질 수밖에 없다."(『도덕형이상학 정초』 IV453-454)

여기서 칸트는 지성세계가 감성세계보다 우위에 있다고 말한다.

지성세계가 감성세계의 근거와 법칙까지 포함하고 있기 때문이다. 자연법칙이 지배하는 세계에서 우리가 욕망과 경향성에 반하는 도덕적 행위를 기꺼이 수행할 수 있는 이유는 자유의 세계에 있다. 거기에는 스스로 법칙을 수립하고 이를 따르길 명령하는 '자아'가 있기 때문이다. 칸트는 이 '자아'가 우리의 '진정한 자아Das eigentliche Selbst'[13]라고 말한다. 이 '자아'의 명령을 따를 때, 욕망과 이기심으로 가득 찬 세상에서도 진정한 자유의 세상을 살 수 있기 때문이다.

하지만 두 세계의 이런 관계가 어떻게 가능한지, 어떻게 작동하는지 더 이상의 설명은 없다. 칸트는 그것이 도덕철학이 답할 수 있는 한계 밖이라고 말한다.[14] 우리가 칸트의 『도덕형이상학 정초』에서 들을 수 있는 이야기는 여기까지다. 그럼에도 분명한 사실은 오늘도 누군가는 모순 없이 이중의 삶을 살고 있다는 것이다. 불의의 땅에서도 도덕적 삶은 가능하다. 이것이 칸트가 말하는 도덕의 나라다. 눈에 보이진 않아도, 언제나 있었고 지금도 있는 현실의 나라다.

> "새는 알을 깨고 나오려 투쟁한다. 알은 세계다. 태어나려는 자는 한 세계를 깨트려야 한다. 새는 신을 향해 날아간다. 신의 이름은 아브락사스다."

이중의 삶, 소설 속 이야기만은 아니다. 우리는 모두 이중의 삶을 산다. 이중의 삶은 도덕적 존재로 가는 출발점이다. 그렇다고 이

출발점에 선 모두가 도덕적 삶을 사는 것은 아니다. 거기에는 조건이 있다. 자기 정체성에 대한 깨달음이다. 비록 보이는 세계에 살고 있지만 보이지 않는 세계에 속한 도덕적 존재, 이런 정체성의 인식이 진정한 자아를 찾는 길을 열어 준다. 소설은 말한다. "태어나려는 자는 알을 깨트려야 한다." 그래야 날아갈 수 있기 때문이다. 새처럼 아브락사스에게로. 아브락사스는 누구의 이름인가? 소설 속 주인공이 줄곧 품었던 의문이다. 아브락사스는 신의 이름이었다. 그는 선과 악 모두를 지닌 포용과 통합의 상징이며 진정한 자아가 도달해야 할 최종의 종착지였다.

그렇다면 다시 생각해 보자. 오늘을 살아가는 우리에게 아브락사스는 누구의 이름일까? 그것은 우리가 꿈꾸는 모습이다. 자신 속 본능과 욕망의 방해에도 이성의 도덕적 명령을 따르려는 우리 모두가 도달해야 할 최종의 종착지다. 그렇다. 아브락사스, 그것은 도덕적 존재를 꿈꾸는 모두의 이름이다.

---

1 Hermann Hesse, *Gesammelte Werke* Bd. 5, Frankfurt am Main: Suhrkamp Verlag, 1970, s. 91.

2 Hermann Hesse, a.a.O., s. 10-11.

3 최근 자신만의 '부캐'로 일상과 다른 삶을 살려는 이가 늘고 있다. '부캐'는 '부캐릭터'의 줄임말로, 가상 세계 게임에서 플레이어가 여러 캐릭터를 만들어 다른 역할을 수행하는 것에서 유래한다. 연예인들이 활동 영역을 넓히는 데 '부캐'를 활용하면서, 이러한 시도는 일반인에게로도 확장되고 있다. 유튜브나 다양한 매체를 활용해 자신의 직업이나 고정된 이미지로부터 탈피하여 새로운 삶을 꿈꾸는 이들이 많아지고 있다.

4 『도덕형이상학 정초』 IV392: "그러나 지금의 정초는 **도덕성의 최상의 원리**를 찾아내고 확정하는 것이다. 이것만이 그 의도에서 도덕적 연구의 전부이자 다른 모든 연구와 구별되는 일이다."

5 3절(IV446-463)의 제목은 "도덕형이상학에서 순수 실천이성비판으로의 이행(Übergang von der Metaphysik der Sitten zur Kritik der reinen praktischen Vernunft)"이다.

6 '관심'은 '경향성(Neigung)'과 비교할 수 있는 개념이다. 우리가 '경향성'을 갖는다는 것은 우리의 욕구능력이 감각에 의존해 있음을 말한다. 반면에 '관심'은 우리 의지가 이성의 원리에 의존해 있음을 뜻한다. 즉 이성이 원인이 되어 우리 의지를 결정한다는 의미다. 따라서 칸트에게서 '관심'은 이성적 존재자만이 가질 수 있고, 우리 인간의 의지가 무엇에 대해, 즉 어떤 행위에 대해 관심을 갖는다고 말할 수 있다(IV413-414, 459-460 참조).

7 『도덕형이상학 정초』 IV449: "그러므로 우리는 원래 자유라는 이념 안에서 도덕법칙을, 즉 의지의 자율이라는 원리 자체를 단지 전제하고 있을 뿐이고, 이 원리의 실재성과 객관적 필연성을 그 자체로는 증명할 수 없어 보인다. 그리고 설사 우리가 참된 원리를 적어도 다른 어디에서보다는 더 정확히 규정함으로써 훨씬 현저한 성과를 얻었다 해도, 이 원리의 타당성과 여기에 복종해야 할 실천적 필연성과 관련해서는 더 이상의 아무런 진전도 없는 것으로 보인다."

8 『도덕형이상학 정초』 IV450: "벗어날 수 없어 보이는 일종의 순환이 여기서 드러난다는 점을 우리는 솔직히 인정해야만 한다. 우리를 목적들의 질서에서 도덕법칙 아래에 있는 것으로 생각하기 위해, 우리는 작용하는 원인들의 질서에서 우리를 자유로운 존재로 가정한다. 그리고 나서 우리는, 우리에게 의지의 자유를 부여했기 때문에, 우리를 이 법칙들에 복종하는 자로 생각하는 것이다."

9 A에서 B를 이끌어 내고, A는 다시 B에서 이끌어 내는 것을 말한다. 결론의 참은 전제로부터 나오는데, 전제의 참은 다시 결론의 참으로부터 나온다는 점에서 순환적이다. 순환논증은 일종의 부당한 논증으로 논리학에서는 이를 '선결문제 요구의 오류'라고도 부른다.

10 『도덕형이상학 정초』 IV452: "[...] 이렇게 하여 이성적 존재자는 두 가지 입장을 가지는데, 이로부터 그는 자신을 고찰하는 법칙, 자신의 능력을 사용하는 법칙, 결국에는 자신의 모든 행위들의 법칙을 인식할 수 있다. 그래서 이성적 존재는 **첫째로** 그가 감성세계에 속하는 한에서 자연법칙들 (타율) 아래 놓여 있고, **둘째로** 지성세계에 속하는 자로서는, 자연에 독립적이며 경험이 아닌 순전히 이성에 기초한 법칙 아래에 놓여 있다."

11 『도덕형이상학 정초』 IV456: "그러므로 철학은 확실히 전제해야만 한다. 하나의 동일한 인간 행위에서 자유와 자연필연성 사이에 진정한 모순은 결코 발견되지 않음을. 왜냐하면 철학은 자유 개념을 포기할 수 없듯이 자연 개념도 포기할 수 없기 때문이다."

12 『도덕형이상학 정초』 IV457: "그런데 곧 그는 저 둘이 동시에 일어날 수 있으며, 아니 심지어 동시에 일어나야만 한다는 것을 깨닫는다. 왜냐하면 **현상 중의 한 사물**(감성세

계에 속하는 것)은 모종의 법칙에 종속해 있고, 바로 그 동일한 것이 **사물** 즉 존재자 **자체**로서는 그 법칙에서 독립적이라는 것은 최소한의 모순도 포함하지 않기 때문이다. 그렇지만 인간은 자신을 이렇게 이중적 방식으로 [감성세계에서] 표상하고 [지성세계에서] 사유해야 한다는 것은, 전자와 관련해서는 자기 자신을 감관을 통해 촉발된 대상으로 의식한다는 점에 근거하고 있고, 후자와 관련해서는 자기 자신을 지성적 존재자로, 즉 이성 사용에서 감각적 인상에 독립적인 것으로 (그러니까 지성세계에 속하는 것으로) 의식한다는 점에 근거한다."([ ]안은 글쓴이)

13 칸트는 자신의 욕구와 경향성을 전혀 고려하지 않는 의지를 가진 존재, 지성의 세계에서 수립한 법칙을 수행할 수 있는 존재만이 '진정한 자아'라고 말한다(IV457-458참조).

14 '진정한 자아'가 무엇이고, 그것이 지성세계에서 어떻게 작동하는지 탐구하는 것은 실천철학의 영역을 넘어서는 일이다. 칸트는 실천철학의 탐구의 한계를 3절의 마지막 소제목 "모든 실천철학의 최종 한계에 관하여(Von der äußersten Grenze aller praktischen Philosophie)"에서 다룬다(IV455-463). 여기서 말하는 '최종 한계(äußerste Grenze)'란 실천철학이 논의할 수 있는 가장 바깥의 최종 경계를 뜻한다.

A

실천철학의 관점에서 칸트는 지성세계가 감성세계에 우위를 갖는다고 말합니다. 지성세계가 도덕법칙이 작동하는 영역이라면, 감성세계는 인간의 본성과 경향성을 따르는 영역이기 때문입니다. 그렇다고 이론철학의 관점에서도 지성세계가 우위를 갖는다고 말하기는 어렵습니다. 물론 '현상Erscheinung'은 그 배후에 있는 '사물 자체Ding an sich'가 자신을 드러낸 것이라는 점에서 더 근본적이라 말할 수 있지만, 그렇다고 칸트가 플라톤처럼 현상 세계는 가상이고 사물 자체만이 진짜라고 말하지 않기 때문입니다. 오히려 칸트는 정확히 무엇인지 알 수 없는 지성세계를 우리가 경험할 수 있는 대상으로 여기는 것에서 가상이 생겨난다고 말합니다. 그런 점에서 칸트에게서 감성세계는 불완전하거나 거짓의 세계가 아니고, 우리가 경험할 수 있고 탐구할 수 있는 현실의 세계입니다.

에필로그

도덕은 오늘도
담장 위를 걷는다

박형사가 안형사에게 말한다. 형사로 사는 것이 마치 교도소 담장을 걷는 것 같다고. 균형을 잡고 가면 괜찮지만 잘못하면 떨어질 수도 있다고. 운이 좋으면 교도소 밖으로 떨어져 민간인이 되겠지만 반대로 떨어지면 교도소에 수감되는 것이라고. 드라마 〈살인자ㅇ난감〉 속 한 장면이다. 박형사는 후배인 안형사에게 이어 말한다. 갑자기 사라진 어느 형사에 관해. 열심히 범인을 잡고, 때가 되면 은퇴하여 평범한 삶을 살거라 믿었던 형사가 갑자기 사라진 것이다. 그런데 그의 갑작스러운 실종이 사실은 도피였다. 그에게는 도피만이 유일한 출구였기 때문이다. 평온해 보였던 그의 삶이 알고 보니 위태로운 삶이었다.

위태로움은 도피한 형사만의 몫은 아니다. 우리는 모두 위태로운 존재다. 좁은 담장을 위태로이 걷고 있는 존재.

담장은 경계다. 서로 다른 법칙이 지배하는 세계의 경계. 경계는 두 세계를 나눈다. 본능을 앞세운 자연 세계와 이성이 지배하는 도덕 세계로. 어디로 떨어져도 이상할 게 없는 이 위험한 줄타기는 우리 모두를 위태롭게 한다. 우리가 이토록 위험한 줄타기를 하는 이유는 우리가 두 세계를 동시에 살기 때문이다. 이성과 본능은 우리 속에 함께 있다. 그렇기에 인간인 우리는 언제나 동물일 수 있다.

칸트 윤리학은 인간 한계에서 출발한다. 인간은 나약한 존재다. 선을 행하기에 본능과 경향성의 방해가 너무 크다. 그렇기에 도덕적 선은 의무이고 인간 의지에 이성의 명령으로 주어진다. 정언명령은 인간 의지의 불완전성이 낳은 칸트 윤리학의 산물이다.

그러나 칸트는 도덕적 이상 세계를 꿈꾼다. 자신이 수립한 법에 스스로 복종하는 이성적 존재의 나라, 도덕법칙이 작동하는 진정한 자유인의 나라, 서로를 수단이 아닌 목적으로 대하는 존엄한 인격의 나라, 바로 그 목적의 나라를.

도덕적 이상을 꿈꾸는 한 인간은 담장 위를 걷는다. 담장은 갈림길이다. 이 길의 끝에는 두 세계가 기다리고 있다. 그렇기에 담장 위는 열린 세계다. 그곳은 어디로든 향할 수 있는 가능성의 세계다. 우리의 목적지가 도덕적 세계라면, 그곳을 향한 안전한 인도자는 이성이다. 이성을 붙잡는 한 본능과 욕망의 맹목적 인도는 없을 것이다.

담장 위는 위험과 가능성이 공존하는 현실의 세계다. 어디로든 떨어질 수 있고, 어디로든 향할 수 있다. 그곳은 위태롭지만 열린 세계다. 여기서 우리는 이미 두 세계를 경험하며 산다. 우리는 이성적 존재로 코람라치오네의 삶을 살 수 있다. 이성에 귀 기울이고 그 명령을 따르는 한 그 삶은 도덕적이다.

그렇지만 잊지 말아야 한다. 우리가 '이성적 동물'이라는 것을. 이성이 사라지면 동물만 남는다. 그곳에 도덕의 자리는 더 이상 없다. **도덕은 오늘도 담장 위를 위태로이 걷고 있다.**

참고문헌

Hesse, H., *Gesammelte Werke* Bd. Ⅴ, Frankfurt am Main: Suhrkamp Verlag, 1970.

Kant, I., *Grundlegung zur Metaphysik der Sitten*, hrsg. von der Königlichen Preussischen Akademie der Wissenschaften, *Kant's gesammelte Schriften*, Bd. Ⅳ, Berlin: Walter de Gruyter, 1900ff.

______, *Kritik der praktischen Vernunft*, hrsg. von der Königlichen Preussischen Akademie der Wissenschaften, *Kant's gesammelte Schriften*, Bd. Ⅴ, Berlin: Walter de Gruyter, 1900ff.

______, *Kritik der Urteilskraft*, hrsg. von der Königlichen Preussischen Akademie der Wissenschaften, *Kant's gesammelte Schriften*, Bd. Ⅴ, Berlin: Walter de Gruyter, 1900ff.

______, *Mutmaßlicher Anfang der Menschengeschichte*, hrsg. von der Königlichen Preussischen Akademie der Wissenschaften, *Kant's gesammelte Schriften*, Bd. Ⅷ, Berlin: Walter de Gruyter, 1900ff.

Friedrich Nietzsche, *Der Antichrist, Nietzsche Werke: Kritische Gesamtausgabe* Bd. VI-3, Berlin: Walter de Gruyter, 1969.

______, *Menschliches, Allzumenschliches I, Nietzsche Werke: Kritische Gesamtausgabe*, Bd. IV-2, Berlin: Walter de Gryuter, 1973.

Wasianski, E. A. Ch., Immanuel Kant in sienm letzten Lebensjahren, Königsberg, 1804, hrsg. von F. Gross, *Immanuel Kant: Sein Leben in Darstellungen von Zeitgenossen*(s. 260), Darmstadt: Wissenschaftliche Buchgesellschaft, 1993.

라이프니츠, 고트프리트 빌헬름, 『변신론』, 이근세 옮김, 아카넷, 2014.

롤스, 존, 『정의론』, 황경식 옮김, 이학사, 2003.

루소, 장 자크, 『사회계약론』, 김영욱 옮김, 후마니타스, 2018.

칸트, 이마누엘, 『윤리형이상학 정초』, 백종현 옮김, 아카넷, 2005.

포르랜더, 카를, 『칸트의 생애와 사상』, 서정욱 옮김, 서광사, 2001.

플라톤, 『국가』, 박종현 역주, 서광사, 2005.

하라리, 유발, 『호모 데우스』, 김명주 옮김, 김영사, 2023.

찾아보기

ㅋ

ㅌ

ㅎ